Die 12 Grundlagen der Beziehungen

Entwürfe für die Zukunft – Band 31

Kontakt: www.HarryEilenstein.de
Harry.Eilenstein@web.de
Harry Eilenstein bei youtube

Verlag: BoD · Books on Demand GmbH, Überseering 33, 22297 Hamburg, bod@bod.de
Druck: Libri Plureos GmbH, Friedensallee 273, 22763 Hamburg

ISBN: 978-3-8192-0967-3

Inhaltsübersicht

Warum 12?

Alle Bücher dieser Reihe haben genau 12 Kapitel – was sich ja auch in den Titeln dieser Bücher widerspiegelt. Warum?

In diesen Büchern wird der Tierkreis als Matrix von 12 verschiedenen Sichtweisen auf die Welt verwendet, um das Thema des Buches möglichst umfassend in 12 Kapi-teln zu betrachten. Dadurch wird eine ausgewogenere, umfassendere und tiefere Ein-sicht in das jeweilige Thema erlangt als es ohne ein solches Raster, ohne eine solche Matrix möglich wäre.

Der Tierkreis wird in dieser Buch-Reihe als Forschungs-Hilfsmittel benutzt, durch das die Einseitigkeiten in der Betrachtung zumindest vermindert werden können. Weiter-hin werden durch dieses Vorgehen diese 12 Sichtweisen auch als Ergänzungen zu-ein-ander, als organische Teile eines Ganzen deutlich.

Die Inspiration zu diesem Vorgehen stammt aus Hermann Hesses Roman „Das Glas-perlenspiel", für das er 1946 den Literatur-Nobelpreis erhielt. In diesem Roman be-schreibt er die öffentlichen Darstellungen von Übersichten und Gesamtbetrach-tun-gen, die mithilfe von verschiedenen allgemeinen Strukturen wie z.B. dem Ba Gua aus dem chinesischen Feng-Shui angefertigt und aufgeführt werden.

Diese Buch-Reihe ist ein Versuch, Hesse's Idee im ganz Kleinen konkret zu ver-wirk-lichen.

Die Blickwinkel der 12 Tierkreiszeichen sind:

♈	Widder:	Spontaner
♉	Stier:	Genießer
♊	Zwilling:	Neugieriger
♋	Krebs:	Familienmensch
♌	Löwe:	Egozentriker
♍	Jungfrau:	Handwerker
♎	Waage:	Schöngeist
♏	Skorpion:	Tiefgründiger
♐	Schütze:	Idealist
♑	Steinbock:	Realist
♒	Wassermann:	Theoretiker
♓	Fische:	Träumer

1. Instinkte

♈

Beziehungen sind so ziemlich das anspruchsvollste im Leben. Sie können glücklich machen, aber einen Menschen auch verzweifeln lassen – Liebeskummer ist eine häufige Ursache für Selbstmordversuche. Der Wunsch nach der Gemeinsamkeit mit einem Partner ist offensichtlich sehr intensiv.

Wenn man einmal von den bewussteren Wünschen wie Lebensplanung, guten Gesprächen und gegenseitiger Unterstützung einmal absieht, liegen diesem intensiven Bindungswunsch auch mindestens drei Instinkte zugrunde:

> 1. die Sexualität, die dafür sorgt, dass es Kinder gibt,
> 2. die sogenannten Brutpflegeinstinkte, die die Kinder beschützen, und
> 3. der Sippeninstinkt, der die Sippe gegen Gefahren beschützt.

Diese drei Instinkte sind tief in der Psyche verankert – schließlich sollen diese drei Instinkte das Überleben der Menschen absichern. Und nur die Lebewesen, die das Überleben ihrer Art absichern, werden auch weiterhin als Art existieren. Ohne diese Instinkte kann keine Art von Lebewesen überleben.

Auch diese Buch-Reihe entspringt letztlich diesem Instinkt, da sie das Ziel hat, angesichts der derzeitigen Krisen das Überleben der Menschen auf der Erde – und ein möglichst gutes Überleben – zu sichern. Diese Motivation ist der Überlebens-Instinkt, der von der eigenen Person auf die eigenen Kinder, dann auf die Sippe und schließlich auf die Menschheit ausgedehnt worden ist – aufgrund der Einsicht, dass wir Menschen nur als Gemeinschaft dafür sorgen können, dass die Erde nicht durch die Klimaerwärmung zur Wüste oder durch Kriege zu einer radioaktiv verseuchten Landschaft oder sich durch das Artensterben immer mehr einer öden humanoiden Monokultur annähert.

Diese Instinkte sind sehr geradlinig: Das Verlangen nach Sex ist einer der größten Antriebe für das Handeln der Menschen; das Beschützen nicht nur der eigenen Kinder ist geradezu ein Reflex; und das Beschützen der eigenen Sippe ist – wenn es nicht durch bewusste Überlegungen überlagert wird – auch spontan wirksam, wenn man einen Menschen in Gefahr sieht.

Dieser letzte Instinkt – der Sippenschutzinstinkt – ist allerdings durch das Zusammenleben von so großen Gemeinschaften wie in den heutigen Städten ein wenig abgestumpft: Es gibt ja genügend andere, die sich um den Menschen in Gefahr kümmern können – ich selber habe es gerade sehr eilig … Das ist auch das Hauptproblem bei den heutigen Krisen wie der Klimakrise: Die anderen können sich ja darum kümmern.

Je abstrakter eine Situation oder eine Gefahr ist, je mehr Denken und Einsicht man benötigt, um die Gefahr als solche zu erkennen, desto weniger können die Instinkte wirksam werden … und die Menschen werden gleichgültig gegenüber dieser abstrakten Gefahr. Unsere Motivation hängt nun einmal in hohem Maße von unseren Instinkten ab – und unsere Instinkte lenken einen Großteil unserer Gefühle und unsere Gefühle lenken wiederum unsere Taten. Keine aktivierten Instinkte → nur wenige Gefühle → nur wenige Handlungen …

Das bewusste Ich eines Menschen ist in Bezug auf die Instinkte dieses Menschen ein bisschen in derselben Lage wie ein Reiter auf einem sehr eigensinnigen Pferd: Das Pferd läuft dahin, wo sich das Pferd hingezogen fühlt, und der Reiter kann nur ein bisschen lenken, damit das Pferd den besseren Weg läuft und sich nicht verletzt. Und wenn das Pferd mal keine Motivation zum Traben hat, kann der Reiter es noch so sehr antreiben – da geschieht dann einfach nichts außer vielleicht einem langsamen Schritt. Doch wenn das Pferd von sich aus zu galoppieren beginnt, kann der Reiter nur noch schauen, dass das Pferd nicht gegen den nächstbesten Baum rennt.

Das Wachbewusstsein, das man normalerweise als das eigene Ich ansieht, ist nicht der „Bestimmer" in der eigenen Psyche, sondern nur der, der die Impulse, die aus dem Unterbewusstsein kommen, und die Einsichten über die Welt, die aus dem Verstand kommen, miteinander zu einer möglichst sinnvollen Einheit kombiniert.

Natürlich kann man lernen, sein Leben planen, Pläne schmieden, Unternehmen gründen und dergleichen mehr – doch wenn die Instinkte erwachen und etwas wollen, fällt es ihnen überhaupt nicht schwer, sich die Vorfahrt gegenüber allen Gedanken, Plänen und bewussten Absichten zu erzwingen.

Das Ich ist eher ein guter Kutscher als der Auftraggeber für die Kutschfahrt. Das heißt nicht, dass der Kutscher bedeutungslos ist – keineswegs – aber es hilft dem Kutscher sehr, wenn er seine eigene Rolle erkennt. Es geht auch nicht darum, dass der Ich-Kutscher die Psyche-Kutsche woanders hin lenkt, als es die Instinkt-Pferde wollen, sondern nur darum, dass der Kutscher erkennt, dass er nur ein Teil einer größeren Einheit ist, die er nicht vollständig bestimmen kann.

Die sinnvolle Haltung für das Ich ist es, in dem Augenblick, in dem es gerade ist, wach zu sein, die inneren und äußeren Strömungen zu spüren. Das ist wie bei dem Kapitän eines Segelschiffes, der die Strömungen des Meeres und die Richtung des Windes erkennt, und dann die Segel so setzt und das Steuerruder so ausrichten lässt, dass das Schiff an seinen Zielhafen gelangt.

Man kann sich natürlich fragen, wie zutreffend dieses Bild ist und ob der Ich-Kapitän sein Psyche/Leib-Schiff wirklich so unabhängig zu einem Ziel-Hafen lenken kann und ob nicht die Instinkt-Strömungen das Schiff an einen anderen Ort bringen werden als an den, zu dem der Kapitän das Schiff lenken wollte.

Unabhängig davon, wie groß man das Maß der eigenen Selbstbestimmtheit – d.h. der Fähigkeit des Wachbewusstseins, die eigenen Taten zu lenken – einschätzt, ist es offensichtlich, dass der Menschen noch immer zu einem großen Teil von seinen Instinkten gelenkt wird.

Und das trifft auch für die Beziehungen des Menschen zu.

2. Ernährung

Die Instinkte führen zu Beziehungen – wobei das Ich ein wenig lenken darf – aber wenn die Beziehung da ist, muss das Ich schauen, was nun alles nötig wird. Es wird eine gemeinsame Wohnung gebraucht, und auch Nahrung, Kleidung und noch so manches andere.

Solange man noch ein kleines Kind ist, sorgen die eigenen Eltern für diese Dinge; der Jugendliche sorgt dann für sich selber; dann wird man Vater oder Mutter und sorgt für die eigene Familie; dann, wenn die Kinder aus dem Haus sind, sorgt man nur noch für sich als Paar; und schließlich sorgt der Staat mit der Rente für die alten Menschen.

Dieses „für die Familie sorgen" ist nur rudimentär durch Instinkte abgesichert, die vor allem in Notsituationen aktiv werden, aber nicht dann, wenn man morgens zu dem Amt geht, in dem man arbeitet, oder wenn man Anzeigen liest, um eine günstigere Wohnung zu finden, die trotzdem noch groß genug für die ganze Familie ist.

Diese nicht durch die Instinkte abgedeckten Tätigkeiten für die Familie brauchen aber auch eine Motivation. Dies ist die Liebe zu dem Partner und zu den eigenen Kindern – wenn man sich bewusst macht, warum man so viel arbeitet und warum man so viele mühsame Dinge tut, dann kann man die Motivation aus den eigenen Instinkten in diese Arbeit und in diese mühsamen Dingen lenken.

In der Regel wird das jedoch nur dann funktionieren, wenn man sich in der Familie wohlfühlt, wenn man gerne in der Familie ist, wenn man sich die meiste Zeit mit seinem Partner gut versteht – sonst fehlt dieses haltgebende Wohlfühlen. Man muss das Beisammensein auch oft genug genießen können, um weiterhin gerne so zu leben wie es jetzt gerade ist.

Wenn dieses Wohlfühlen zu wenig wird, entsteht der Fluchtreflex: Man will an einen anderen Ort, sucht einen anderen Beruf oder man sucht – was die häufigste Reaktion ist – nach einer anderen Beziehung.

Die Instinkte drängen dazu, eins Beziehung zu beginnen und sie helfen auch in Notlagen, doch den Alltag muss man von seinem Verstand her so organisieren, dass man zusammenleben kann – dass man gerne zusammenlebt. Doch das ist nicht immer einfach.

Es gibt viele Dinge, die man als so selbstverständlich ansieht, dass man gar nicht auf die Idee kommt, sie infrage zu stellen und über sie nachzudenken. Wenn der Mann nach Hause kommt, hat er vielleicht die Vorstellung, dass seine Arbeit jetzt zuende ist und er sich ausruhen kann – die Frau hat vielleicht die Vorstellung, dass ihre alleinige Aufsicht über Kinder und den Haushalt zuende ist, wenn der Mann nach Hause kommt und dass sie sich jetzt ausruhen kann. Beide haben ein Bild in sich, dass für sie vollkommen selbstverständlich ist – und sie werden missmutig oder wütend, wenn der andere sich nicht diesem Bild entsprechend verhält. Erst wenn beide merken, was da eigentlich vorgeht, können sie die Situation klären und gemeinsam nach einer Lösung suchen.

Eine weitere Prägung ist das Vorbild der eigenen Eltern: Man verhält sich, wenn man eine Familie gegründet und Kinder hat, erst einmal so, wie man es von seinen eigenen Eltern kennt. Wenn einem das auffällt und man sich zu fragen beginnt, welches Verhalten man eigentlich selber gut fände, ist schon einmal sehr viel gewonnen – dann kann es eine Entwicklung geben. Wenn einem das nicht auffällt, wird es wahrscheinlich zu Streit und Leid kommen.

Dieses Eltern-Vorbild hat natürlich nicht nur schlechte Seiten, sondern auch gute, die man ebenso nachahmt – und das ist sehr hilfreich, da man dann nicht ganz von vorne anfangen muss, sondern sich eben in vielen Situationen an diesem Eltern-Vorbild orientieren kann. Doch wenn einem dieses Eltern-Vorbild bewusst wird, kann man damit beginnen, dieses Eltern Vorbild stückchenweise zu verändern, so dass es einem selber, dem Partner und den Kindern mit dem eigenen, weiterentwickelten Verhalten noch besser geht als zuvor.

Manchmal stellt man auch erst dann, wenn gemeinsame Kinder da sind, fest, dass man selber und der eigene Partner in manchen Bereichen völlig verschiedene Werte, Ansichten und Vorstellungen haben. Dann wird es notwendig, zum einen in einem ersten Schritt sich der eigenen Werte und Ansichten wirklich ganz klar zu werden, und zum anderem diese Werte und Ansichten in einem zweiten Schritt dem anderen darzulegen – und schließlich in einem dritten Schritt nach einer Möglichkeit zu suchen, wie man die Werte und Ansichten der beiden zu etwas Kreativem kombinieren kann. Das ist zwar möglich, aber nicht gerade einfach. Das ist nicht zuletzt deshalb schwierig, weil es ziemlich anspruchsvoll ist, die Werte und Ansichten eines anderen wirklich zu verstehen, da man zunächst einmal – was ja auch gar nicht anders möglich ist – denkt, dass alle so ähnlich gestrickt sind wie man selber.

Am ehesten kann die Deutung der Horoskope der beiden den beiden deutlich machen, wie verschieden sie sind – und wie grundverschiedenen Menschen ganz allgemein sein können. Das vergrößert dann zwar das Verständnis füreinander, aber es bringt nicht notwendigerweise auch schon eine gelungene Kooperation mit sich.

Man könnte nun natürlich auch vorschlagen, zusätzlich zu den beiden Geburts-

Horoskopen dieses Paares ihnen auch noch das Partner-Horoskop zu deuten, um die Dynamik zwischen ihnen deutlicher werden zu lassen. Doch die Erfahrung hat gezeigt, dass Paare, die in einer Krise sind und einen Astrologen um Rat fragen, sich meistens schon getrennt haben, bevor der Astrologe mit der Deutung der beiden Geburts-Horoskope und des Paar-Horoskops fertig ist, was ja mindestens drei Abende dauert.

Daher wäre es hilfreich, wenn sich die meisten Menschen bereits selber gut kennen würden, wenn sie eine Beziehung beginnen – doch davon sind wir in unserer Kultur noch sehr weit entfernt …

Es wäre auch förderlich, wenn der Unterschied zwischen Männer und Frauen allgemein klarer bekannt wäre. Dieser Unterschied läßt sich im Grunde recht einfach beschreiben:

Männer	Frauen
Männer haben innen eine große Vielfalt, also verschiedene Ziele, aber sind außen einsgerichtet.	Frauen streben also verschiedene Ziele jeweils mit maximaler Vehemenz an.
Männer streben verschiedene Ziele mit denselben Methoden an.	Frauen streben also ständig dasselbe Ziel mit den verschiedensten Methoden an.
Folglich sind Männer in dem, was sie gerade im Außen tun, sehr klar, während sie im Innen durchaus eine Vielfalt von Zielen haben.	Folglich sind die in dem, was sie im Außen tun, kaum faßbar und ständig wieder anders, während sie im Innen klar auf ein Ziel, das sie erreichen wollen, das sie beharrlich auf die verschiedenste Weisen verfolgen.
Daraus ergibt sich bei Männern eine Ausrichtung auf die äußere Form, die sie fest und klar haben wollen.	Daraus ergibt sich eine Ausrichtung auf das innere Ziel, von dem sie nicht abweichen.
Folglich denken und argumentieren Männer gerne.	Folglich spüren und lavieren Frauen gerne.
Sie haben im Innen Geschmeidigkeit und im Außen Festigkeit.	Sie haben im Innen Festigkeit und im Außen Geschmeidigkeit.
Sie lagen sich auf das fest, was sie gerade tun – aber nicht darauf, daß sie morgen noch dasselbe wollen.	Sie legen sich auf das fest, was sie wollen – aber nicht auf die Art und Weise, wie sie das reichen.
Männer sind nach außen hin einsgerichtet – was sich auch an ihren Genitalien zeigt.	Frauen sind nach innen hin einsgerichtet – was sich auch an ihren Genitalien zeigt.

3. Vielfalt

♊

Bei „Beziehung" denkt man hierzulande in der Regel an „Vater, Mutter, Kind", doch das ist keineswegs selbstverständlich überall und zu allen Zeiten die übliche Form des Zusammenlebens gewesen. Wenn man sich in den verschiedenen Kulturen umschaut, kann man eine große Vielfalt von Formen des Zusammenlebens finden.

Nun gibt es zunächst einmal keinen Grund, von der üblichen „Vater, Mutter, Kind"-Familie abzuweichen, wenn man damit glücklich ist. Falls es einem mit diesem Modell jedoch nicht gut gehen sollte oder wenn man feststellt, dass man das zwar will, aber dass es einem einfach auch beim siebten Anlauf noch immer nicht gelingen will, könnte es ratsam sein, sich mal umzuschauen, was es sonst noch so alles gibt. Vielleicht passt ja eine andere Form für einen selber viel besser …

Die möglichen Beziehungsstrukturen lassen sich zunächst einmal von den in ihr beteiligten Menschen her betrachten. Dabei ergeben sich zunächst von der Kombination her fünf verschiedene Möglichkeiten:

- ein Mann und eine Frau
- ein Mann und mehrere Frauen
- eine Frau und mehrere Männer
- mehrere Männer und mehrere Frauen
- Gruppensysteme (Sippe, Dorf, Stamm, Patchwork-Familie)

Die zweite und die dritte Möglichkeit sind nicht im Gleichgewicht, d.h. Mann und Frau haben nicht dieselben Möglichkeiten. Daher sind diese beiden Formen als allgemeines Prinzip nicht erstrebenswert. Im individuellen Fall können diese Kombinationsformen jedoch das sein, was ein bestimmtes Paar gut findet. Die Wahrscheinlichkeit ist jedoch sehr hoch, dass ein solches Arrangement instabil ist und entweder zur Einehe zurückkehrt, zu einer für beide offenen Beziehung führt oder auseinanderbricht.

In der offenen Beziehung ist ein Paar das Zentrum, also der feste Kern eines Systems von weiteren Beziehungen, die mehr oder weniger dauerhaft sind.

In einem Gruppensystem sind alle Menschen in ungefähr gleicher Weise miteinander

11

verbunden – zumindest gibt es keine „Kern-Paare".

Da es jedoch recht wahrscheinlich ist, dass immer wieder besonders enge emotionale Bindungen zwischen zwei Menschen entstehen (dauerhaft oder für eine gewisse Zeit), ist die „offene Beziehung" das Modell, das am vielversprechendsten aussieht. Aus diesem Modell oder aus der Folge von Trennungen und neuen Verbindungen ergibt sich dann die Patchworkfamilie. Die Verbindungen in ihr sind in der Regel die Kinder, die aus diesen Beziehungen entstanden sind, aber auch beendete Beziehungen, die als Freundschaften weiterbestehen, können solche komplexen Bindungsformen entstehen lassen.

Wenn man Beziehungen von der Form der Bindung her betrachtet, kommt man ebenfalls zu fünf Formen von Beziehungen:

- vollkommen freie Systeme ohne engere Bindungen
- wechselhafte, aber zeitweise stabile Systeme
- lebenslange Systeme
- offene Systeme (Kern mit Anhang)
- Inzest-Regeln und andere Ausnahmen

Die vollkommen freien Systeme ohne engere Bindungen widersprechen dem menschlichen Bedürfnis nach Sicherheit und Geborgenheit und auch den Erfordernissen der Kinder, die in solchen Systemen aufwachsen. Daher wird diese Form zwar hin und wieder vorkommen, aber eher die Ausnahme bilden. Am wahrscheinlichsten tritt sie in der Pubertät und im höheren Alter auf, also bevor eigene Kinder geboren werden und nachdem diese Kinder dann erwachsen geworden sind.

Das lebenslange System ist möglich – insbesondere die Einehe. Wenn zwei Menschen miteinander glücklich sind, gibt es keinen Grund, etwas anderes zu leben …

Die Wahrscheinlichkeit, dass drei oder mehr Menschen ein Leben lang miteinander eine „Gruppen-Beziehung" leben, ist recht klein – es gibt ja schon nur sehr wenige Paare, die eine lebenslange, erfüllte Beziehung leben.

Die wechselhaften, aber zeitweise stabilen Systeme sind vermutlich die tragfähigste Form – egal, ob dies nun eine Folge von Einehen ist, eine offene Beziehung oder eine noch komplexere Konstruktion mit noch mehr Beteiligten. Innerhalb dieser Möglichkeiten scheint die offene Beziehung, also die Paar-Beziehung als Kern mit „Anhang" am wahrscheinlichsten zu sein, da sie sowohl das Bedürfnis nach Geborgenheit, nach fester Bindung, einem Rahmen für die Kinder und auch genügend Freiheit bietet. Es sind natürlich auch zeitweilige enge Bindungen zwischen mehr als zwei Partnern möglich.

In den meisten, aber nicht in allen Kulturen gibt es auch weiterhin Inzest-Regeln, Gesetze zum Schutz von Minderjährigen u.ä. geben – wobei sich diese Vorschriften je nach dem Erkenntnisstand immer wieder einmal ändern.

Die Stellung der Kinder ist ein wichtiger Faktor innerhalb der Dynamik einer Familie, Sippe oder sonst einer Gruppe von Menschen. Hier gibt es vier Grundformen:

- Kinder bei der Mutter
- Kinder gehören dem Vater
- gemeinsame Kinder eines Paares
- Kinder gehören der Sippe

Wenn die Kinder dem Vater gehören, d.h. wenn Kinder bei einer Trennung prinzipiell bei dem Vater bleiben, hat der Mann eine große Macht über die Frau, da kaum eine Mutter ihre Kinder verlassen wird.

Wenn die Kinder der Mutter gehören, d.h. wenn die Kinder bei einer Trennung prinzipiell bei der Mutter bleiben, hat die Frau die stärkere Stellung. Da die Bindung zwischen einer Mutter und ihren Kindern im Allgemeinen etwas stärker und beständiger ist als die Bindung zwischen einem Vater und seinen Kindern, ist diese Regelung etwas passender als die vorige – aber sie ist trotzdem alles andere als ideal.

Wenn die Kinder beiden Eltern gehören, d.h. wenn nach einer Trennung sowohl die Mutter als auch der Vater ein Recht auf das Kind haben, ergibt sich der Streit darüber, bei welchem Elternteil die Kinder leben und in welcher Weise der andere Elternteil seine Kinder sehen darf. Meines Wissens gibt es für dieses Problem noch keine brauchbare Lösung – da die Eltern sich aufgrund von Unstimmigkeiten getrennt haben, findet sich diese Unstimmigkeit sehr wahrscheinlich auch in der Art der Trennung und in dem Zustand nach der Trennung wieder. Hier ist offensichtlich viel Kreativität und guter Wille von beiden Seiten erforderlich …

Das Konzept „Kinder gehören der Sippe" ergibt nur dann einen Sinn, wenn eine intakte, lebendige Sippe vorhanden ist, als deren Teil sich alle Beteiligten erleben. Man kann solch ein Arrangement bei einigen Naturvölkern und heute auch in manchen Patchworkfamilien finden, in denen sich die Kinder selber aussuchen, bei wem sie leben wollen und in denen sie ihre eigenen Strukturen mit anderen Kindern und Erwachsenen aufbauen.

Auch die soziale Stellung von Männern, Frauen und Kindern spielt eine große Rolle bei der Bildung von Beziehungsstrukturen. Die Stellung der Menschen in ihren Beziehungen hängt von mindestens acht Faktoren ab:

- Zuordnung der Kinder zu einem oder beiden Elternteilen
- Regelung des Besitzes (Haus, Geld u.a.)
- die Frau oder die Frauen sind der Besitz des Mannes
- der Mann ist der Besitz der Frau (diese Form ist unbekannt)
- Sklaven
- rechtliche Stellung
- Priester/Priesterin
- Krieger/Kriegerin

Der große Einfluss der Zuordnung der Kinder zu der Mutter, zu dem Vater oder zu beiden Elternteilen ist bereits erwähnt worden.

Die Regelung der Besitzverhältnisse hat ebenfalls einen großen Einfluss auf die Beziehungsstrukturen. Wenn dem Mann alles gehört, hat er auch die Macht über die Frau und die Kinder; wenn der Frau alles gehört, hat sie zwar auch prinzipiell die Macht, aber Frauen scheinen diese Form der Macht nicht so auszunutzen wie Männer. Wenn beide etwas besitzen können, sind sie beide zumindest prinzipiell gleichberechtigt und eigenständig.

Eine Extremform ist die Auffassung, dass die Frau oder die Frauen der Besitz des Mannes sind – das christliche Ehegelöbnis, in dem die Frau verspricht, dem Mann überall hin zu folgen, ist nicht so sehr weit von diesem „Besitzen der Frau" durch den Mann entfernt … Die umgekehrte Variante, in der die Frau einen oder mehrere Männer besitzt, ist aus keiner Kultur bekannt. Frauen mit Beziehungen zu mehreren Männern gibt es hingegen durchaus – aber eben nicht den „Besitz von Männern".

Eine Variante dieser Formen des Besitzes von Menschen ist deren Haltung als Sklaven, die oft auch sexuell ausgenutzt worden sind. Die gesetzlich legalisierte Form dieser sexuellen Ausbeutung von Sklaven ist der Harem – obwohl nicht jeder Harem eine Zwangseinrichtung sein muss.

Es gibt noch viele weitere rechtliche Regelungen, die die Strukturen innerhalb von Beziehungen mitprägen, und um die daher immer wieder einmal heftig gestritten wird: Wie werden Unterhaltszahlungen festgesetzt? Wann sind Abtreibungen erlaubt und wer bestimmt die Regelungen dafür? Wie wird die Vererbung von Besitz geregelt? Wer darf vor Gericht Anklage erheben? Wie können sich Frauen vor häuslicher Gewalt schützen? Wer hat ein Anrecht auf eine psychologische Behandlung? Wer erhält bei einer Trennung eine finanzielle Unterstützung durch den Staat? Alle Regelungen dieser Art bestimmen die Möglichkeiten, die ein Mann oder eine Frau in einer bestimmten Situation in ihrer Beziehung hat …

Ein weiterer Punkt, der jedoch nur noch am Rande mit Beziehungen zu tun hat, ist die Frage, wer Priester oder Priesterin werden darf – und ob diese Menschen dann noch eine Beziehung haben dürfen. Die Regelungen in diesem Bereich können unter Umständen zu Machtgefällen und zu heftigen inneren Konflikten, zu verdrängten Begierden und zu Missbrauch u.ä. führen.

Ein ähnlicher Punkt ist die Frage, wer ein Krieger bzw. eine Kriegerin werden darf. Dieser Punkt hat durchaus einen Einfluss auf das Selbstverständnis vor allem der Frauen. Darf eine Frau wehrhaft sein? Darf sie sich gegen Männer durchsetzen? Darf sie stark sein? In diesem Punkt ist zwar schon vieles besser geworden, aber hier besteht noch immer Entwicklungsbedarf im Selbstverständnis der Frauen – und auch im Selbstverständnis der Männer.

Möglicherweise wäre es hilfreich, sich einzelne dieser Formen zunächst in Schilderungen des Lebens von Naturvölkern, anderen Kulturen, Kommunen u.ä. anzuschauen und dann evtl. auch selber auszuprobieren. In der heutigen Zeit des Internets und der vielen Kontakt-Foren sollte es nicht schwer sein, andere Menschen zu finden, die dasselbe ausprobieren wollen wie man selber.

Dass das Argument, dass nur die „Vater, Mutter, Kind"-Beziehungsform wirklich innig und lebendig sein kann, falsch ist, wird man recht schnell feststellen können, wenn man andere Menschen trifft, die wirklich ernsthaft nach der für sie passenden Beziehungsform suchen.

4. Bilder

♋

Wenn man nicht direkt beim ersten Versuch den richtigen Partner findet, mit dem man sein ganzes Leben lang zusammenbleiben will, wird man feststellen, dass man immer wieder dasselbe erlebt. Manchmal findet man natürlich auch beim dritten Anlauf endlich den „Richtigen", doch wahrscheinlicher ist es, dass man erkennt, dass es den aus der Psychologie gut bekannten Wiederholungszwang tatsächlich gibt und dass der ziemlich beharrlich sein kann.

An solch einer Stelle könnte man es z.B. einmal mit Familienaufstellungen versuchen, um herauszufinden, was die prägende Angst oder Sucht oder was auch immer die Ursache sein mag, eigentlich ist. Wenn das gelingt und man anschließend einen Partner findet, mit dem man gut zusammenleben kann, braucht man nicht mehr weiterzusuchen.

Sollte jedoch auch die Familienaufstellung nicht helfen, das alte, leidvolle Beziehungsmuster aufzulösen, dann muss man noch etwas tiefer forschen. Dabei kann eine Betrachtung des Aufbaus der Psyche helfen.

Für diese Betrachtung ist zunächst einmal die Kenntnis der heilen Entwicklung und der möglichen Störungen wichtig:

> In der **oralen Phase** des Babys (0-1 Jahre) sollten die Geborgenheit und die innere und äußere Fülle entstehen. Wenn dies nicht gelingt, entsteht ein grundlegendes Mangel-Gefühl. Dieser Mangel kann dann entweder zu einer „lauten" Gier oder zu einer „leisen" Askese werden.

> In der **analen Phase** des Kleinkindes (1-3 Jahre) sollten die Kraft und die Klarheit entstehen. Wenn dies nicht gelingt, entsteht eine grundlegende Angst. Diese Angst kann dann entweder zu dem „lauten" Angriff des Täters oder zu der „leisen" Flucht des Opfers werden.

> In der **phallischen Phase** des Kindes (ab 3 Jahre) sollte die Selbstliebe entstehen. Wenn dies nicht gelingt, entsteht ein Gefühl von Selbstzweifeln. Diese Selbstzweifel können dann entweder zu einer „lauten" Angeberei oder zu einer „leisen" Schüchternheit werden.

Daraus ergeben sich 12 verschiedene Grundstrukturen eines Menschen, also zwölf Verhaltens-Typen:

- **orale Gruppe**: 1. Zufriedener (Fülle); bei Mangel: 2. Süchtiger, 3. Asket, 4. abwechselnd Süchtiger und Asket;

- **anale Gruppe**: 5. Gelassener (Kraft); bei Angst: 6. Täter, 7. Opfer, 8. abwechselnd Täter und Opfer;

- **phallische Gruppe**: 9. Strahlender (Selbstliebe); bei Selbstzweifeln: 10. Angeber, 11. Schüchterner, 12. abwechselnd Angeber und Schüchterner.

Man kann nun einmal genauer betrachten, was es bedeutet, zu einem dieser 12 Typen zu gehören und welchen Einfluss das auf das eigene Leben und vor allem auf die eigenen Beziehungen hat.

Am Anfang steht ein erster Impuls, eine erste Form: die befruchtete Eizelle. Diesen Anfang, diese Mitte, diesen ersten Impuls kann man in sich selber z.B. in der Meditation wiederfinden. In den meisten Fällen wird dieser Ursprung als die eigene Seele angesehen. Wenn man an die Reinkarnation glaubt, ist diese Mitte das, was sich in einem Menschen inkarniert hat. Diese Mitte ist, wenn man sie in sich selber findet und erlebt, das geschlechtsneutrale Selbstbild.

Als Graphik ist sie ein Kreis:

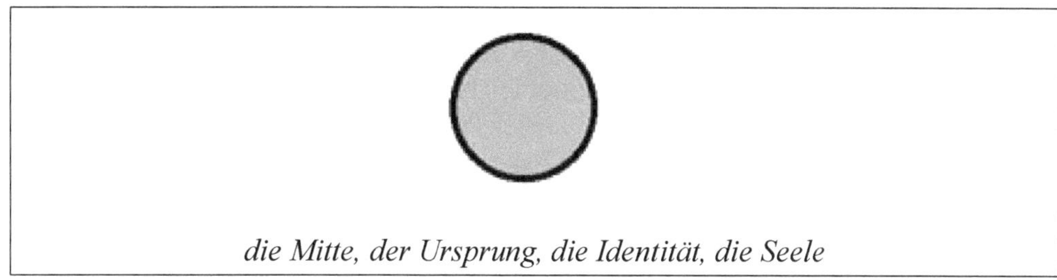

die Mitte, der Ursprung, die Identität, die Seele

Die erste Differenzierung dieses zentralen Bildes ist seine zweifache Darstellung als das innere Männerbild und das innere Frauenbild: zwei halbe Kreisringe um den zentralen Kreis. Man kann diese beiden Bilder auch als zwei polare Spiegelungen der Seele auffassen.

Das innere Männerbild ist das Selbstbild eines Mannes und das innere Frauenbild ist
sein „Suchbild". Bei Frauen ist es umgekehrt.

In der folgenden Graphik ist das innere Frauenbild durch ein Karo und das innere
Männerbild durch ein Dreieck gekennzeichnet.

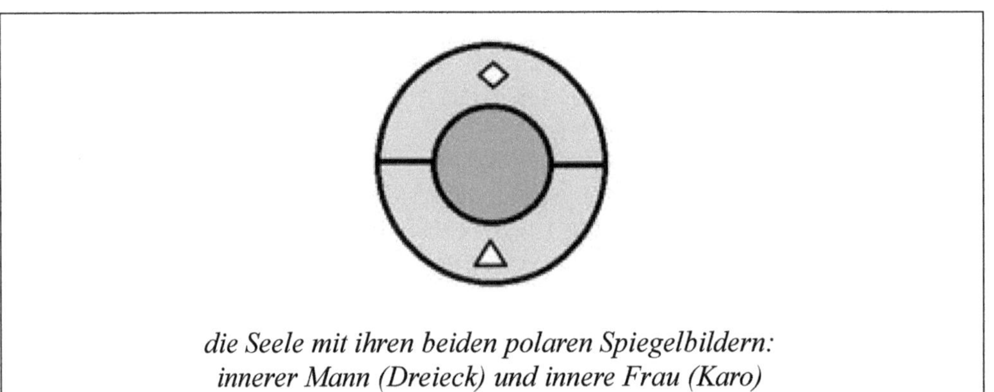

die Seele mit ihren beiden polaren Spiegelbildern:
innerer Mann (Dreieck) und innere Frau (Karo)

Die zweite Differenzierung dieser inneren Bilder geschieht, wenn der betreffende
Mensch etwas erlebt, wodurch er von seinem eigentlichen Kurs abweicht und z.B.
durch den Verlust der Fülle in den Mangel gerät und zu einem Asketen wird. Wenn
der Betreffende ein Mann ist, wird sein bewusstes Selbstbild zu einem männlichen
Asketen. Dabei bricht sein inneres Männerbild sozusagen in einen männlichen
Asketen und in einen männlichen Süchtigen – der der Gegenpol des Asketen ist –
auseinander. Diese zwei neuen Bilder legen sich dann als neue Schicht außen um das
ursprüngliche, heile Männerbild.

Es entstehen bei dem Auseinanderbrechen eines heilen Bildes immer zwei polare
Bilder: aus dem Zufriedenen der Süchtige und der Asket; aus dem Gelassenen der
Täter und das Opfer; und aus dem Strahlenden der Angeber und der Schüchterne.
Diese beiden Bilder trägt man immer in sich, wenn man das heile Bild verloren hat:
Der Süchtige weiß genau, wie sich der Asket fühlt und verhält – und auch der Asket
weiß das vom Süchtigen; der Täter weiß genau, wie sich das Opfer fühlt und verhält –
und auch das Opfer weiß das vom Täter; der Angeber weiß genau, wie sich der
Schüchterne fühlt und verhält – und auch der Schüchterne weiß das vom Angeber.

Diese beiden polaren Bilder gehören stets zusammen zu einem einzigen Verhaltens-
muster: kein Süchtiger ohne Asket – und umgekehrt; kein Täter ohne Opfer – und
umgekehrt; kein Angeber ohne Schüchternen – und umgekehrt

Dieselbe Polarisierung wie in dem hier gewählten Beispiel bei dem Männerbild geschieht auch mit dem inneren Frauenbild, sodass es in dem Betreffenden auch die Bilder einer Asketen-Frau und einer Süchtigen-Frau gibt, die sich als neue Schicht rings um das innere Frauenbild legen.

Die Polarität dieser vier neuen Bilder ist in dem Diagramm als hell („laut": Süchtiger, Täter, Angeber) und dunkel („leise": Asket, Opfer, Schüchterner) dargestellt worden. Diese vier Bilder sind in dem Diagramm die vier äußeren Viertelkreise.

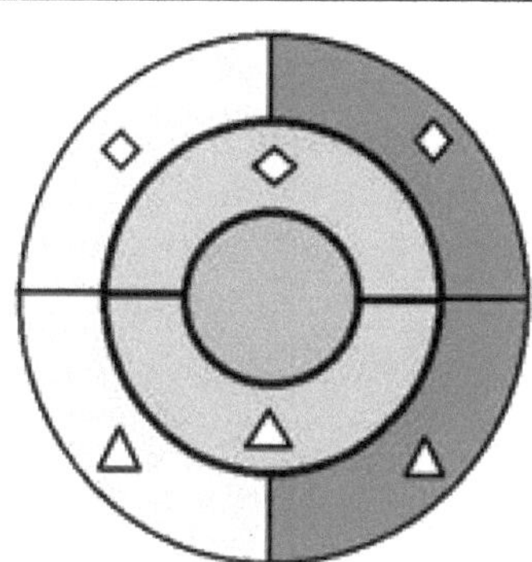

Mitte: Seele
zwei Halbkreise: heiler innerer Mann (Dreieck) und heile innere Frau (Karo)
vier Viertelkreise: die beiden polarisierten inneren Männerbilder (Dreiecke) und die
beiden polarisierten inneren Frauenbilder (Karos)

Sehr wahrscheinlich entsteht bei der Homosexualität eine Identifizierung mit einem inneren Bild, dessen Geschlecht dem physischen Geschlecht des betreffenden Menschen entgegengesetzt ist. Bei Menschen, die sowohl Männer als auch Frauen sexuell anziehend finden, liegt anscheinend keine feste Bindung an eines der männlichen oder weiblichen inneren Bilder vor.

Da sich bei Schwulen und Lesben jedoch fast immer eine Neigung entweder zu der „lauten" Rolle oder zu der „leisen" Rolle feststellen lässt, identifizieren sie sich vermutlich nicht mit einem der beiden männlichen oder mit einem der beiden weiblichen Bilder, sondern mit den beiden „lauten" oder „leisen" Bilder – also mit einer Rolle („laut" oder „leise") und nicht mit einem Geschlecht.

Doch das ist zunächst einmal noch eine Arbeitshypothese – und ob sie in irgendeiner Weise von Nutzen sein kann, muss sich noch zeigen.

Aus diesem Mandala ergibt sich eine interessante und weitreichende Konsequenz:

Der Mann in diesem Beispiel lebt als Asket, d.h. er lebt nur die eine Hälfte seines ursprünglichen Männerbildes – und die beiden Frauenbilder lebt er ebenfalls nicht. Er drückt in seinem Leben also nur ein Viertel seines eigentlichen Potentials aus.

Da es aber offenbar nicht möglich ist, einen Teil seines Potentials gar nicht zu leben, suchen sich die anderen drei Viertel neue Wege, um sich auszudrücken. Das bedeutet, dass man sich Stellvertreter für diese ungelebten Teile der eigenen Psyche in sein Leben holt – natürlich nicht bewusst sondern unbewusst, aber trotzdem sehr effektiv und präzise.

In diesem Beispiel eines männlichen Asketen sind dies:

> Das Bild des männlichen Asketen wird von dem betreffenden Mann, der die Askese als Überlebensstrategie ausgewählt hat, selber gelebt: das bewusste **Selbstbild**.

> Das Bild des männlichen Süchtigen wird zu dem **Feindbild** des betreffenden Mannes, da es den Gegenpol zu seiner eigenen Strategie ausdrückt. Dieses ungelebte Bild des männlichen Süchtigen in seiner Psyche wirkt wie eine Einladung an die Menschen in seiner Umgebung, diese Rolle in dem Leben des betreffenden Mannes zu übernehmen. Mit etwas Übung kann man diese „Einladungs-Bilder" auch bei anderen Menschen spüren – sie zeigen sich u.a. darin, wie man auf die anderen Menschen reagiert.

> Das Bild der weiblichen Süchtigen ist für den Asket-Mann hingegen das anziehendste Bild überhaupt – es hat eine doppelte Polarität zu ihm: männlich-weiblich und asketisch-süchtig. Der hier als Beispiel betrachtete Mann wird sich daher mit großer Wahrscheinlichkeit eine süchtige Frau als **Partnerin** suchen.

> Die asketische Frau kann für den betreffenden Mann zur **Freundin** werden: Sie haben dieselben Probleme und verstehen einander. Es hat den Anschein, als ob die ähnliche Problematik, die durch die Wahl desselben Polarisierungs-Poles entsteht, die erotische Spannung des gegensätzlichen Geschlechtes aufheben würde.

> Schließlich kann der männliche Asket auch noch auf andere männliche Asketen treffen. Diese können dann seine **Freunde** werden, von denen er jedoch weitgehend unabhängig bleibt, da er ja schon selber dieses Bild des männlichen Asketen lebt.

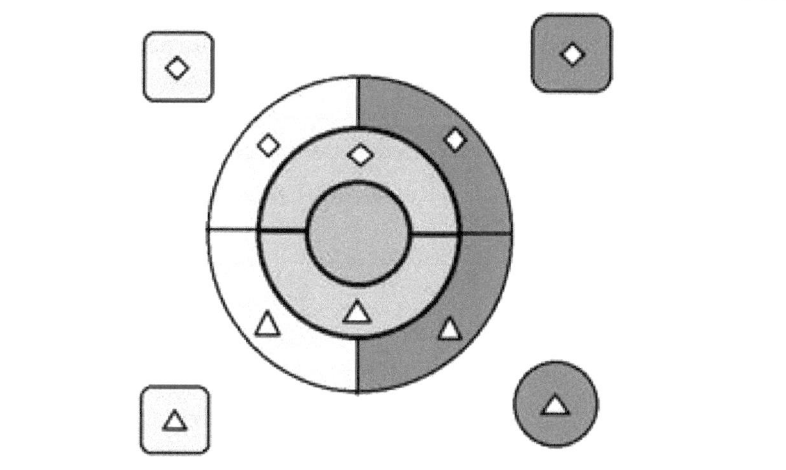

der Asket in diesem Beispiel spielt das innere Asketen-Männerbild (Kreis rechts unten); die Rollen des Süchtigen (Quadrat links unten), der Asketin (Quadrat rechts oben) und der Süchtigen (Quadrat links oben) in diesem „Asketen-Drama" werden von drei anderen Personen übernommen

Diese vier Bilder, von denen der Asket eines selber lebt und die drei anderen auf andere Menschen projiziert, bilden die Grundlage seines Lebensdramas.

Solange dieser Asket seine Askese nicht als ein Krankheitssymptom erkennt und es heilen kann, wird es in dem Leben dieses Asketen so gut wie immer einen süchtigen Mann geben, der durch seine Gier alles gefährdet oder sogar zerstört, was der Asket mühsam aufgebaut hat. Da können ihm auch seine Asketen-Freunde und seine Asketen-Freundin nur wenig helfen. In seiner Beziehung zu der Süchtigen-Frau sieht es nicht anderes aus, da auch deren Gier seine Sparsamkeit aushebelt – und sie ihm durch ihr Verhalten zeigt, was er selber als Sucht verborgen in sich trägt.

Aus diesen vier Bildern lassen sich viele unangenehme Dramen erschaffen …

Bei dem Asketen und dem Süchtigen ist der Mangel das Thema des Dramas, bei dem Täter und dem Opfer ist die Angst das Thema des Dramas, und bei dem Angeber und dem Schüchternen ist die Selbstliebe das Thema des Dramas.

Aus diesem Drama ergeben sich die Rollen, die man innerhalb eines solchen Dramas spielen kann – wobei die Rollen, bei der jemand ständig zwischen beiden Polen hin- und herwechselt, der Einfachheit halber hier nicht mit aufgeführt sind.

Um die Schilderungen anschaulicher zu gestalten, werden in der folgenden Übersicht bestimmte häufige – und ein wenig krassere – Ausformungen dieser möglichen Rollen geschildert.

die drei Grundformen des Beziehungs-Mandalas				
Ebene mit der Störung	*Rolle im Mandala*			
	Mann		*Frau*	
	„laut"	*„leise"*	*„laut"*	*„leise"*
oral	Süchtiger: der *„Alkoholiker"*, der in seinem Leben nichts geregelt kriegt	Asket: der *„Prinzipienreiter"*, der alles kontrollieren und ordnen will und das „zum Besten der anderen" macht	Süchtige: die *„Klette"*, die immer alles wissen muss und niemanden loslassen kann und oft zur „Drama-Queen" wird	Asketin: die bemutternde *„Glucke"*, die sich immer um alles kümmert
anal	Täter: der herrische, cholerische *„Chef"*, der jeden anbrüllt und nebenher seine Angestellten zu verführen versucht	Opfer: der blasse, stotternde, schüchterne *„Buchhalter"*, der noch nie eine Freundin hatte	Täterin: die intrigante *„Femme fatale"*, die Männer verführt und sie dann fortstößt und der alle immer alles opfern – ihr Geld und ihr Herz	Opfer: die einsam lebende, *„missbrauchte Frau"*, die einen verborgenen Haß auf alle Männer hat
phallisch	Angeber: der *„Salonlöwe"*, der es nicht ertragen kann, wenn auch ein anderer die Aufmerksamkeit des Publikums erlangt	Schüchterner: der *„Untertan"*, der alles dafür tut, einmal ein Lächeln seines Königs zu erhalten	Angeberin: die *„Diva"*, die sich durch Macht, Geld und Erotik und viel Geschick in den Mittelpunkt der Aufmerksamkeit bringt	Schüchterne: die *„graue Maus"*, die ihren Mann, den weltberühmten Professor, verehrt und alles für ihn tut

Die Heilung dieser Fixierung auf eine bestimmte Rolle und der sich daraus ergebenden Beziehungs-Muster besteht vor allem in der Auflösung der Polarisierungen. Die Beschreibung dieser Heilung würde jedoch den Rahmen dieses Buches sprengen.

Eine detaillierte Darstellung findet sich in: Harry Eilenstein – „Das Beziehungs-Mandala".

5. Selbsttreue

♌

In Beziehungen trifft das zusammen, was zwei Menschen in sich tragen: ihre Absichten, ihre Gefühle, ihre Gedanken, ihre Vorstellungen und auch ihre Prägungen und nicht zuletzt auch ihre beiden Horoskope. Beziehungen sind daher eine so komplexe Angelegenheit, dass es eigentlich unvermeidbar ist, dass es auch zu Spannungen zwischen den beiden kommt.

Die ganze eigene Komplexität und auch die des anderen zu verstehen und für alle Gegensätzlichkeiten eine Lösung zu finden ist vermutlich eine endlose Unternehmung. Wenn beide das eigene Horoskop und das Horoskop des anderen kennen und verstehen, wird das Verständnis für einander schon einmal einen großes Stück tiefer – aber eine Lösung für den Umgang mit diesen Unterschieden ist das noch nicht.

Ein wichtiger Ansatz in dieser Lage, der sowohl einem selber als auch dem anderen nützt, ist das Streben nach Selbsterkenntnis und nach der Auflösung der Gefühle von Mangel, Angst und Selbstzweifeln. Wenn es gelingt, diese Gefühle zu heilen – falls man sie in sich selber finden sollte – wird das Zusammenleben für beide schon deutlich einfacher.

Mangel führt dazu, dass man wie ein Süchtiger immer mehr von dem anderen will oder wie ein Asket nur geben kann, aber nicht weiß, was man selber will. Meist lebt der andere dann ebenfalls in einem inneren oder äußeren Mangel. Das geht anfangs gut, weil der Süchtige haben will und der Asket geben will. Doch irgendwann wird das dem Asket zu viel: „Ich gebe Dir weniger, weil Du immer mehr willst!“ Daraufhin antwortete ihm der Süchtige mit aller Berechtigung: „Ich will immer mehr, weil Du immer weniger gibst!“ Und schon ist der Mangel zu dem prägenden Beziehungsthema geworden … Meistens geht es dabei um Nähe – der Süchtige ist das hilflose Kind und der Asket der helfende Vater oder die helfende Mutter.

Angst führt dazu, dass man entweder als Täter aggressiv wird und alles bestimmen will oder dass man als Opfer furchtsam wird und sich gehorsam unterordnet. Der andere, mit dem man zusammen ist, spielt dabei dann die Gegenpol-Rolle zu der eigenen Rolle. Das geht erst einmal gut, weil der Täter jemanden hat, dem er befehlen kann und das Opfer jemanden hat, der ihn lenkt – beide haben das, was sie brauchen.

Doch irgendwann wird das dem Opfer zu einseitig: Ich gehorche nicht mehr, weil Du immer mehr bestimmen willst!" Darauf wird er recht sicher sofort eine Antwort erhalten: „Ich befehle Dir immer mehr, weil Du nicht mehr gehorchst! Wenn Du was anderes tust als das, was ich Dir sage, geht alles den Bach runter!". Hier ist die Angst vor äußeren Bedrohungen zu dem prägenden Beziehungsthema geworden. Wenn sich das dann noch mehr steigert, wird der aggressive Täter zum Sadisten und das ängstliche Opfer zum Masochisten.

Selbstzweifel führen dazu, dass man entweder als angeberischer Star immer im Mittelpunkt stehen will oder dass man als schüchterner Fan zu seinem Idol aufschaut. Auch hier tun sich Star und Fan zu einem Paar zusammen – dann kann der Fan den Star bewundern und der Star erhält die Bewunderung, die er braucht. Doch irgendwann wird es dem Fan dann doch zu viel: „Ich bewundere Dich nicht mehr so viel, weil Du immer mehr Lob haben willst!" Die Antwort wird nicht lange auf sich warten lassen: „Ich lobe Dich immer weniger, weil Du immer mehr Lob haben willst!" Und schon sind die Selbstzweifel und der Mangel an Selbstwertgefühl zu dem prägenden Thema der Beziehung geworden. Der weltberühmte Professor und seine Frau, die „graue Maus" …

Aus diesem Dilemma – der Prägung der Beziehung durch Mangel, Angst und Selbstzweifeln – kommt man nur heraus, indem man diese Gefühle in sich selber heilt. Diese drei Gefühle binden einen Menschen aus Not heraus an einen anderen Menschen:

- Der hilflose Süchtige braucht jemanden, der ihm etwas gibt, und der hilfswütige Asket braucht jemanden, dem er etwas geben kann;

- der aggressive Täter braucht jemanden, den er beherrschen kann, und das ängstliche Opfer braucht jemanden, der ihn lenkt;

- der angeberische Star braucht jemanden, der ihn lobt, und der schüchterne Fan braucht jemanden, den er loben kann.

Diese Art der Bindung ist eine Handlung aus innerer Not heraus, weshalb es unvermeidbar ist, dass diese Not irgendwann zu dem Beziehungsthema der beiden wird. Diese Art der Bindung ist daher ein Ausdruck von Unselbständigkeit: Man braucht den anderen, weil man in Not ist. Folglich ist man von dem anderen abhängig – und das aus existentiellen Not-Gefühlen heraus. Das kann nicht gut gehen …

Daher ist die Selbsterkenntnis und die durch sie ermöglichte Selbstheilung so wichtig für Beziehungen. Nur nach solch einer Heilung dieser inneren Not hat man die Möglichkeit, eigenständig zu werden. Nur dann hat man die Möglichkeit, sich selber zu fühlen. Nur dann hat man die Möglichkeit, sich selber auszudrücken. Dann hat man die äußere Schicht des Beziehungs-Mandalas – die Polarisierung des heilen inneren Männerbildes und des heilen inneren Frauenbildes in je zwei kranke polare Bilder – aufgelöst. Dann kann das, was man wirklich ist, endlich weitgehend ungehindert nach außen strahlen.

Dieses ungehinderte Strahlen der eigenen Seele, der eigenen Identität durch die eigene Psyche in jede eigene Haltung und in jede eigene Handlung ist die Grundlage für jede gute Beziehung. Natürlich muss man das nicht in vollkommener Weise erreicht haben, bevor man eine gute Beziehung führen kann, aber je näher man dieser Heilung kommt, desto einfacher wird die Beziehung.

Durch die Selbsterkenntnis, die Selbstheilung und die sich daraus ergebende Eigenständigkeit ist nicht mehr die innere Not die Motivation zum Eingehen einer Beziehung, sondern der eigene Selbstausdruck – und das ist etwas ganz anderes, denn dann bleibt man auch in der Beziehung eigenständig. Man ist mit dem anderen zusammen, aber man ist immer noch in erster Linie man selber … und man ruht weiterhin in sich selber, auch wenn man beschlossen hat, mit dem anderen zusammenzuleben.

Wenn man diese Eigenständigkeit erreicht hat, wird man auch selbsttreu werden – man wird sein eigener Halt, seine eigene Kraft, sein eigener Mittelpunkt. Dann entsteht Selbstliebe. Aus dieser Selbstliebe heraus wird die Liebe zu einem anderen zu etwas ganz anderem als wenn man aus einer inneren Not mit einem anderen zusammen ist, denn dann trägt man auch Fülle und Kraft in sich. Dann lebt man in der eigenen Fülle, in der eigenen Kraft und in der eigenen Selbstliebe und lässt diese drei in alles strahlen, was man tut. Dann ist man glücklich und teilt sein Glück mit anderen. Das ist etwas ganz anderes als aus Not heraus einen anderen zu suchen, der die eigene Not beendet.

Wenn man sich aus einer Beziehung heraus weiterentwickelt, kommt es manchmal vor, dass sich der, mit dem man zusammen ist, ebenfalls weiterentwickelt. Dann kann man sich zusammen weiterentwickeln. Häufig ist es jedoch so, dass der andere in dem bisherigen Zustand und Verhalten bleiben will. Das wird dann früher oder später zu dem Ende der Beziehung führen.

6. Stufen

♍

Beziehungen sind nicht etwas, was man einmal erschafft und was dann immer so bleibt – Beziehungen sind etwas, das sich ständig weiterentwickelt.

Die erste Beziehung ist die zu der eigenen Mutter während der Zeit des Ungeborenen in ihrem Bauch. In dieser Zeit ist die Mutter alles, was es für das Kind gibt. Es ist warm, es ist schwerelos, es gibt kein Atmen, kein Essen, kein Trinken, es gibt nichts zu tun … **„Sein …"**

Die zweite Beziehung ist die zu der eigenen Mutter und evtl. auch noch zu dem eigenen Vater und zu den Geschwistern nach der Geburt. Nun ist das Baby ein eigenständiges Wesen in einer viel größeren Welt als zuvor. Doch das Baby ist noch vollständig von seiner Mutter abhängig und könnte ohne sie (oder einen Mutter-Ersatz) nicht überleben. Es lebt im vollständigen Vertrauen zu ihr. Seine Haltung ist: **„Ja"**

Im Alter von ca. 1 Jahr kann das Kleinkind nun sprechen und laufen und erlebt sich als handlungsfähig – und es kann auch mal etwas anderes wollen als seine Mutter, die noch immer der Hauptbezugspunkt ist, auch wenn die Geschwister und andere Menschen eine zunehmend größere Rolle spielen. Das Kleinkind unterscheidet deutlich zwischen „angenehm" und „unangenehm" und beginnt bei „unangenehm" nun nicht einfach zu weinen, sondern geht weg oder wehrt sich. Es lernt ein neues Wort: **„Nein!"**

Ab dem Alter von ca. 3 Jahren erlebt sich das Kind als eigenständiges Wesen, entdeckt seinen eigenen Willen und beginnt mit anderen Kindern zu spielen. Sein wichtigstes Wort ist: **„Ich!!!"**

Im Alter von ca. 12-18 Jahren erforscht der Jugendliche sich selber, entdeckt seine Sexualität, knüpft Freundschaften und erste Beziehungen und beginnt sich seine eigene Welt zu erschaffen. Seine Frage lautet daher: **„Du?"**

Mit der Gründung einer Familie wird das Leben noch einmal anders. Nun steht nicht mehr das Elternpaar im Mittelpunkt – auch wenn diese Beziehung weiterhin lebendig bleiben sollte – sondern die Kinder. Daraus entsteht nun ein: **„Wir."**

Wenn dann 20-25 Jahre später die Kinder erwachsen geworden und aus dem Haus sind, ändert sich die Situation wieder. Nun rückt die Paar-Beziehung wieder in den Vordergrund, aber sie wird durch neue Freundschaften und eine Weitung des Umfeldes ergänzt. Es werden neue Interessen verfolgt und man wird evtl. auch zu einem Lehrer für andere. Dadurch kommen neue Qualitäten in das eigene Leben: **„Anderes …"**

Schließlich lässt das Interesse an Neuem nach und man sucht im Alter eher die Stille und die Weisheit und fühlt sich dem Ganzen verbunden und erlebt sich als Teil des Ganzen. Dadurch entsteht eine Beziehung zur Welt: **„Alles"**

Die Entwicklung eines Menschen lässt sich daher recht kurz zusammenfassen:

„Sein" – „Ja" – „Nein!" – „Ich!!!" – „Du?" – „Wir." – „Anderes …" – „Alles"

Natürlich gibt es lebenslange Freundschaften und auch Beziehungen, die ein Leben lang halten, aber die Bereitschaft für die Weiterentwicklung und den Wandel der Freundschaften ist sehr hilfreich, wenn man am „Puls der Zeit" bleiben will und auch seine Beziehungen und Freundschaften wachsen und sich entfalten lassen will … bis sie schließlich damit enden, dass einer der beiden stirbt …

7. Gespräch

♎

Man könnte das Gespräch als die Essenz von Beziehungen ansehen – oder noch treffender als einen der wesentlichen Bausteine einer Beziehung. Von ähnlich großer Bedeutung sind vermutlich nur noch das Gefühl der Geborgenheit in einer Beziehung und die Sexualität.

In einer Beziehung und noch mehr in einer Familie ist es wichtig, dass man einander versteht, denn sonst sind Koordination und Kooperation fast unmöglich – und diese Kooperation ist in einer Familie dringend notwendig, damit sie gedeihen kann. Man muss einander kennen und verstehen und die Bedürfnisse und Gefühle des anderen begreifen, damit man gemeinsam einen für beide förderlichen Umgang miteinander finden kann.

Diese „konstruktiven Gespräche" sind auch kollektiv von sehr großer Bedeutung, da sie das Urbild für die „konstruktiven Gespräche" sind, die die Menschheit braucht, um die in der heutigen Zeit so drängenden Probleme wie die Kriege, die Klimaerwärmung, den Hunger usw. endlich beenden zu können. Diese Art von Gesprächen, bei der man selber standfest ist, sich zeigt und zugleich den anderen zu verstehen versucht und nach einer gemeinsamen Lösung sucht, die für beide bereichernd ist, sind das Element, das gerade kollektiv am dringendsten gebraucht wird.

Diese Art von Gespräch ist nur möglich, wenn zwei Grundlagen vorhanden sind: Zum einen müssen beide einigermaßen sicher in sich selber ruhen können und nach Möglichkeit auch ihre innere Fülle, Kraft und Selbstliebe gefunden haben – und zum anderen müssen sie in der Lage sein, das Ziel oder das Problem zu erfassen, seine Wurzeln zu sehen und sich dann – bildlich gesprochen – nebeneinander zu stellen und gemeinsam die Lage zu betrachten und gemeinsam nach einem Weg zu suchen.

Leider ist diese Art des Gespräches und diese Art der Betrachtungsweise etwas, das man in sehr vielen Fällen weder in seiner Herkunftsfamilie noch in der selber gegründeten Familie lernt. Die Gespräche, in denen sich jemand durchzusetzen und ganz einfach das eigene Ziel zu erreichen versucht und dabei auch vor Lügen und Manipulation nicht zurückschreckt, sind sehr viel weiter verbreitet.

Ein anderes Hindernis ist die Ansicht eines der beiden Gesprächspartner, dass er der Höherstehende, der Mächtigere, der Klügere usw. ist und dass der andre folglich zu tun hat, was man sagt. Daraus entstehen in der Familie, im Beruf und in anderen

28

Lebensbereichen Hierarchien, die auf Macht beruhen. Die einzigen Hierarchien, die jedoch das Gedeihen fördern, sind die, die auf der offensichtlichen Sachkenntnis einer Person und ihrer darauf beruhenden natürlichen Autorität ergeben.

Es gibt auch noch eine dritte Art von Gesprächen, die weit verbreitet ist und die ein wesentliches Element von Beziehungen und Freundschaften ist und die wesentlich zu der „Wärme" in einer Beziehung oder Freundschaft beiträgt. Dies sind die Gespräche, in denen man sich gegenseitig ohne klares Ziel einfach erzählt, was man erlebt hat, was einen gerade bewegt oder was man gerne erreichen würde. Diese Art von Gespräch hat eine erleichternde Wirkung, sie gibt beiden Halt und oft entwickeln sich dabei auch „ganz nebenbei" neue Einsichten und Ideen.

Eine weitere Art von Gespräch, die jedoch nicht allzu oft verwendet wird, ist das „philosophische Gespräch", in der der eine eine Idee oder einen Plan vorträgt und der andere nach Widersprüchen in dem sucht, was ihm gerade erzählt wird. Diese Fehlersuche dient jedoch nicht dazu, den anderen zu kritisieren oder sein Selbstwertgefühl zu untergraben, sondern ganz schlicht dazu, Fehler in den Überlegungen und Planungen zu entdecken, bevor sie bei der Umsetzung diese Pläne offensichtlich werden und dann evtl. einen großen Schaden anrichten können. Der Begründer dieser Art von Gespräch war Sokrates, der griechische „Vater der Philosophie".

Als letztes gibt es noch das Selbstgespräch, in dem man selber oft zwei verschiedene Rollen einnimmt, um ein Thema genauer betrachten zu können und evtl. vorhandene Irrtümer und Fehler zu entdecken.

8. Wandel

♏

Was ist die Motivation für eine Beziehung? Ein wenig Klarheit über diesen Punkt hilft, dahin zu kommen, wo man eigentlich hinkommen will. Und ein wenig Aufrichtigkeit bei diesem Punkt hilft, andere nicht zu sehr zu verletzen.

Was will man von einem bestimmten Menschen? Eine Freundschaft? Oder eine Beziehung? Oder eher eine Freundschaft mit erotischer Komponente? Vielleicht ist es auch eine von diesen wertvollen Begegnungen, die man am ehesten „Herz-Begegnungen" nennen könnte …

Wenn man ergründet und verstanden hat, was man von einem bestimmten Menschen will, heißt das dann noch lange nicht, dass man nach drei Monaten noch immer dasselbe von diesem Menschen will. Und es könnte sein, dass man dann bereits jemand anderen viel interessanter findet. Das muss natürlich nicht so bewegt sein, aber es kommt deutlich häufiger als „nur selten" vor.

Je nach Alter kann sich die Motivation auch verändern. Vielleicht hat man als Jugendlicher einfach nur das Verlangen, alles auszuprobieren. Vielleicht will man auch sofort die „Liebe des Lebens" finden und sich ewig binden. Möglicherweise entsteht dieser Wunsch nach einer festen Bindung auch erst dann, wenn man gemeinsame Kinder hat. Vielleicht will man auch die feste Beziehung nicht verlieren, aber gleichzeitig auch noch ein paar erotische Abenteuer erleben. Und im Alter lässt bei manchen Menschen das Verlangen nach Sex deutlich nach. Oder es werden mit der Zeit gute Freundschaften wichtiger als Beziehungen. Vieles ist auch bei diesem Thema in einem ständigen Wandel …

Manche üben sich auch in der Kunst der Verführung und entwickeln dabei ein beeindruckendes Talent. Andere hingegen merken nicht einmal, wenn jemand versucht, einen zu verführen. Nicht nur die Bedürfnisse, sondern auch die Neigungen, die Talente und die Vorgehensweisen können sehr verschieden sein. Um die eigenen Motivationen und auch die sinnvollen eigenen Vorgehensweisen besser zu verstehen, ist möglicherweise die Deutung des eigenen Horoskops hilfreich – immerhin wird dann der eigene Stil deutlicher.

Es kann auch hilfreich sein, wenn man lernt, etwas klarer zwischen Glück, Freude und Lust zu unterscheiden, da dies die drei wichtigsten positiven Motivationen sind. Die dazugehörigen negativen Motivationen sind: Glück – Vermeiden von Leid; Freude – Vermeiden von Trauer; Lust – Vermeiden von Schmerz.

Um diese grundlegenden Gemütszustände besser unterscheiden zu können, hilft es, sich ihre Dynamik anzuschauen.

Freude entsteht, wenn man mit etwas gemeinsam schwingen kann: beim Gespräch mit einem Freund, wenn man etwas Verlorenes wiedergefunden hat, wenn man einen inneren Widerspruch aufgelöst hat, wenn man ein Rätsel gelöst hat, wenn man eine alte Freundin wiedertrifft … Bei der Freude begegnen sich immer zwei Menschen oder ein Mensch und eine Sache oder zwei Dinge im eigenen Inneren, die dann gemeinsam zu schwingen beginnen. Aus zwei Einzelnen wird ein Gemeinsames. Die Freude gehört daher zum Kopf – von den Chakren her gesehen, gehört sie zum *Scheitelchakra*.

Lust entsteht, wenn man ein Ziel erreicht hat: einen Orgasmus, einen Sieg, manchmal auch das Fertigstellen einer Arbeit … bei der Lust hat sich eine große Kraft und Motivation, ein bestimmtes Ziel zu erreichen, aufgestaut und drängt danach, dieses Ziel zu erreichen. Solange das Ziel nicht erreicht ist, steht diese Motivation unter Druck und versucht, alle Hindernisse zur Seite zu schieben und aus dem Weg zu räumen und endlich ans Ziel zu kommen. Wenn dann das Ziel endlich erreicht ist, löst sich dieser Druck endlich auf und die Motivation – Man könnte auch „Lebenskraft" sagen – kann endlich wieder frei fließen. Lust ist der Moment der Befreiung der Lebenskraft, sie ist das Öffnen des Dammes, sie ist das freie Fließen. Daher folgt auf die Lust die Entspannung. Dieses Gefühl gehört zum Unterleib und zu den Genitalien – von den Chakren her gesehen gehört es zum *Wurzelchakra*.

Glück entsteht, wenn man sich selber vollkommen treu ist. Wenn man weiß und vor allem wenn man spürt, dass man genau das tut, was man will, dass man mit sich selber ganz im Reinen ist, dann entsteht dieses leise Lächeln, dieses „Honigkuchen-pferd-Grinsen", dieses grundlose Glück, das man wie eine Wärme in der Mitte der Brust erleben kann, die dort in Selbstliebe aufglüht. Das Glück gehört zur Brust und zum Herzen – von den Chakren her gesehen gehört es zu dem *Herzchakra*.

Es hilft zu erkennen, was man gerade sucht – Freude, Lust oder Glück. Alle drei Gefühle oder besser Gemütszustände sind grundverschieden, treten in verschiedenen

Situationen auf und auch der Weg zu ihnen ist verschieden.

Generell ist es förderlich, wenn man die Bereitschaft zum Wandel hat, denn keine Motivation hält ewig oder ist zumindest nicht immer gleich stark und gleich präsent. Man sollte dafür offen sein, was gerade im Augenblick geschieht – sowohl in einem als auch um einen herum – und dabei aber auch die eigenen Grundsätze und langfristigen Zeile nicht aus den Augen zu verlieren.

9. Entwicklung

Welches Ziel hat man? Was ist das eigene Ideal? Ist das, was man bisher für das eigene Ideal gehalten hat, wirklich das eigene Ideal? Oder ist es nur das, was man im Augenblick am besten findet? Oder ist es vielleicht nur ein Ausschnitt aus einem umfassenderen Ziel?

Es ist hilfreich, das eigene Ziel einigermaßen klar zu haben. Und es ist ebenso sinnvoll, sich selber gut zu kennen, denn sonst wird das Ziel, wenn man es erreicht hat, einem zeigen, dass es da noch einige andere Dinge gibt, die einem wichtig sind, aber die man nicht bedacht hat.

Und wenn man nicht weiß, wo man hinwill, braucht man sich nicht zu wundern,
wenn man ganz woanders ankommt ...

Es gibt grundlegende Dinge, die das ganze Leben über gleich bleiben: Der eine braucht viele Gespräche und viel Harmonie, der andere Freiheit für jegliche Spontanität, der dritte Verlässlichkeit, der vierte Abenteuer ... Diese Dinge ändern sich – wenn überhaupt – nur sehr langsam.

Es gibt andere Dinge, die sich des öfteren verändern: Wen man gerade am liebsten sehen würde, oft auch in wen man verliebt ist, wo man gerade am liebsten wäre, mit wem man gerne in Urlaub fahren würde usw. Diese Dinge ändern sich häufig.

Schließlich gibt es noch die Dinge, die immer nur sehr kurzfristig sind wie der Appetit auf etwas Bestimmtes, oder der Rat, den man von jemandem braucht, oder der Besuch, den man für den Abend einladen möchte usw.

Dann gibt es auch Zeiten im Leben, in denen die eigenen Ziele generell sehr unklar sind und die von der Suche nach diesen Zielen geprägt sind: in der Pubertät, in der Midlife-Crisis, wenn die Kinder gerade ausgezogen sind ... In diesen Situationen sollte man sich die Zeit lassen, die eigene Situation und auch die neuen eigenen Ziele zu erkennen.

Schließlich sind diese Ziele in Beziehungen immer nur die eine Hälfte – schließlich hat der oder die andere auch ihre eigenen Ziele. Man muss also schauen, inwieweit diese Ziele zusammenpassen, ob man einige Dinge gemeinsam machen kann, aber andere besser getrennt unternimmt, ob die Gemeinsamkeiten überhaupt für eine Beziehung ausreichen oder ob Unterscheide so groß sind, dass eine solche Beziehung eher zu Leid, Trauer und Schmerz als zu Lust, Glück und Freude führen würde.

Nach gescheiterten Beziehungen ist es für manche Menschen sehr schwierig, loszulassen und sich neu wieder zu orientieren.

Ein gemeinsames Leben braucht ausreichend ähnliche Ziele bei beiden.

10. Geschichte

♑

Die übliche Beziehungsform hat sich im Laufe der Geschichte mehrfach verändert. Wenn man seinen eigenen Beziehungen zufrieden ist, ist das weitgehend ohne Bedeutung – falls man jedoch noch nicht so ganz zufrieden sein sollte, könnte die genauere Betrachtung dieser Veränderungen möglicherweise hilfreiche Anregungen für die eigenen Beziehungen geben.

Altsteinzeit

Die Altsteinzeit ist in Europa, in Mesopotamien und den angrenzenden Gebieten schon vor 12.500 Jahren geendet, sodass man zur Rekonstruktion der damaligen Beziehungen auf archäologische Funde wie die Höhlenmalereien, die Statuetten aus dieser Zeit und auf Beobachtungen bei Naturvölkern aus historischer Zeit sowie auf Plausibilitätsüberlegungen angewiesen ist.

Zunächst einmal lässt sich feststellen, dass damals die Mutter im Zentrum der Sippe gestanden hat. Dies ist zum einen aus den vielen Frauenstatuetten ersichtlich, die nahtlos in die Statuen der Muttergöttinnen der historischen Zeit übergehen, und zum anderen dadurch, dass die Mutter in der Psyche der Menschen das zentrale Bild ist.

Vermutlich wird die Orientierung in der Sippe daher matrilinear, also auf die Mutter bezogen gewesen sein, weil die Mutter im Zentrum der Psyche und des Weltbildes steht. Man wird also nicht „X, der Sohn bzw. die Tochter des (Vaters) Y" gesagt haben, sondern „X, der Sohn bzw. die Tochter der (Mutter) Y". Diese Form der Orientierung ist aus mehreren alten Kulturen wie Sumer und Ägypten gut bekannt.

Da es in der Altsteinzeit kaum nennenswerten Besitz gegeben hat, hat es damals auch noch keine „Reichen" und keine „Armen" gegeben, sodass der Besitz keine Bedeutung für die Familienstrukturen gehabt hat.

Zumindest in Nord-Eurasien ist es während der Eiszeit, die vor 600.000 Jahren begonnen hat und die zusammen mit der Altsteinzeit um 10.500 v.Chr. geendet ist, sehr kalt gewesen – was auch Auswirkungen auf die Beziehungen gehabt hat. Die Kinder hatten damals die größten Überlebenschancen, wenn sie im Frühjahr geboren wurden, sodass sie den Sommer über wachsen und widerstandsfähiger werden und dadurch den nächsten Winter sicherer überleben konnten.

Das bedeutet, dass die Kinder neun Monate vor Frühjahrsanfang gezeugt werden mussten – es hat also ungefähr zur Sommersonnenwende ein allgemeines Zeugungsfest gegeben, sozusagen eine Brunstzeit. Reste von diesem Zeugungsfest lassen sich bei vielen Kulturen in Eurasien und in Amerika finden – in Europa z.B. das Walpurgisfest (Walpurgisnacht in der Nacht zum 1. Mai).

Diese kollektive Zeugung der Kinder bildet zusammen mit der Mutter-Orientierung einen Hintergrund, der vermuten lässt, dass die Beziehungen damals vermutlich anders ausgesehen haben werden als heute.

Nebenher kann man aus diesem Zeugungsfest und der Geburt der Kinder zu Frühlingsanfang schließen, dass die Menschen in der Altsteinzeit in Eurasien fast alle das Sternzeichen „Widder" gehabt haben …

Die genaue Form der damaligen Beziehungen lässt sich nur ansatzweise rekonstruieren. Da die damaligen Menschen in kleinen Gruppen von ca. zehn bis zwanzig Menschen zusammengelebt haben, wird eine solche Lebens- und Jagdgemeinschaft in viel stärkerem Maße noch als die heutigen Familien eine Einheit gebildet haben. Man wird sicherlich ab und zu andere Gruppen getroffen haben und vermutlich hat es auch einmal im Jahr (vorzugsweise im Sommer) eine größere Versammlung gegeben, wie dies von vielen Naturvölkern (und auch von einigen Tierarten) bekannt ist – eben das Zeugungsfest – aber im Wesentlichen haben die Menschen damals in diesen kleinen Sippen von ein bis zwei Dutzend Menschen zusammengelebt.

Für diese Ansicht spricht auch, dass die Menschen damals nur bis ungefähr 15 oder vielleicht 20 zählen konnten. Dies liegt daran, dass das damalige Zahlensystem aus der Addition der „1", der „2", der „4" und der „8" bestanden hat, sodass die größte Zahl, die damit bilden konnte, die „15" gewesen ist: „8+4+2+1". Es gab natürlich auch die Möglichkeit, z.B. „8+8+4" zu sagen, aber die reguläre Bildung der Zahlen endete bei „15". Wenn die damaligen Menschen des öfteren präzise Zahlen gebraucht hätten, die größer waren als „15", hätte es sicherlich zu der „1", „2", „4" und „8" auch noch die „16" gegeben. Und die genaue Anzahl der Mitglieder der Sippe ist sicherlich eine der wichtigsten Zahlen gewesen.

Auch die Lagerplätze aus der damaligen Zeit, die erhalten geblieben sind, bestehen aus drei bis vier kleinen Hütten von der Größe eines Iglus oder einer Schwitzhütte, in denen jeweils höchsten vier oder fünf Menschen Platz gehabt haben werden. Diese „Wohngemeinschaften" werden vermutlich noch einmal Untereinheiten in der Sippe gebildet haben. Die Form dieser „Untereinheiten" ist jedoch zunächst einmal unbekannt. Am wahrscheinlichsten scheint, dass in jeder Hütte eine erwachsene Frau das

Zentrum gebildet hat – eben eine Mutter mit ihren Kindern, zu der dann noch der eine oder andere Mann hinzukam.

Somit ergibt sich zunächst einmal das folgende Szenario:

- Sippen von ca. 15 Menschen in 3 bis 4 kleinen Hütten;
- Untereinheiten von 4-5 Menschen, deren Zentrum eine Mutter gewesen ist, in jeder der Hütten;
- ein Zeugungsfest ungefähr an Mittsommer, bei dem sich mehrere Sippen getroffen haben;
- die meisten Menschen damals sind von ihrem Sonnenzeichen her „Widder" gewesen.

Die genauere Form der Beziehungen ist nicht bekannt, da es mehrere generelle Möglichkeiten gibt und sich auch bei den Naturvölkern verschiedene Formen finden.

Eine extreme und daher nicht allzu wahrscheinliche Variante ist die Vereinigung des stärksten Mannes mit der stärksten Frau, die als einzige die Nachkommen zeugen und gebären. Diese Form ist nicht besonders effektiv, da es dann weniger Kinder gibt als möglich wäre. Diese Form findet sich z.B. in Wolfsrudeln – sie kann also nicht völlig uneffektiv sein, wobei eine Wölfin allerdings in der Regel auch mehrere Welpen gleichzeitig gebiert.

Es könnte sich auch der stärkste Mann mit allen Frauen vereint haben – wie dies z.B. von Hirschen bekannt ist und somit zumindest ein denkbares Modell darstellt. Dies widerspricht jedoch der Mutter Zentrierung, da in diesem „Hirsch-Modell"
der stärkste Mann die Macht über alle Frauen und die gesamte Sippe hat. Diese Form dürfte auch für eine recht große Unruhe in der Sippe gesorgt haben, da dann die meisten Männer ihren Fortpflanzungsdrang hätten unterdrücken müssen – was für eine Jagdgemeinschaft, die auf ein hohes Maß an Kooperation angewiesen ist, ziemlich ungünstig gewesen sein müsste.

Eine noch aus historischer Zeit bekannte Variante hat als Zentrum die Gemeinschaft der Frauen, also die „Mütter der Sippe". Diese wählen die Männer, mit denen sie eine Nacht verbringen wollen. Insgesamt sind die Männer gewissermaßen der „äußere Kreis" um das Zentrum der Mütter. Die Kinder sind sozusagen de „Kinder des Dorfes", um die sich dann – neben der Mutter des jeweiligen Kindes – alle Männer gleichermaßen kümmern. Dieses Modell passt gut zu dem Zeugungsfest, da es die sexuelle Vereinigung nur einmal im Jahr für vielleicht zwei Wochen bei dem Sommertreffen gegeben hat.

Die sexuelle Vereinigung müsste damals diesem Modell zufolge daher deutlich stärker als dies heute der Fall ist von der Bindung der Sippenmitglieder untereinander unterschieden worden sein. Es hat daher vermutlich die Sippengemeinschaft mit den Müttern in ihrem Zentrum als primäre Orientierung gegeben, zu der sich einmal im Sommer die Zeugung hinzugesellte, die vermutlich im Rahmen des Treffens mehrerer Sippen stattgefunden hat. Die heute weitestgehend übliche Koppelung von Bindung/ Familie und Sexualität würde in dieser Variante so gut wie keine Rolle spielen. Man orientierte sich nicht an einem Partner, sondern an der Sippe und insbesondere an den Müttern.

Dazu passt auch, dass sich bei diesem Sommerfest die Frauen möglicherweise nicht nur mit einem Mann vereinten, sondern mit mehreren – so wie das auch bei den historisch überlieferten Beispielen für diese soziale Organisationsform üblich ist. Aus der Unkenntnis über den Vater ergibt sich zwangsweise, dass die Kinder die „Söhne und Töchter ihrer Mütter" waren, aber nicht die „Söhne und Töchter ihrer Väter". Diese Form der Verwandtschafts-Orientierung ist aus so gut wie allen alten Kulturen bekannt. Diese „matrilineare Orientierung" bestätigt noch einmal, dass die Mütter die Mitte der Sippe waren und es vermutlich keine feste Paarbindung im heutigen Sinne gegeben hat.

Durch die Unwissenheit darüber, welche Kinder von welchem Mann stammen, sind die Kinder zum einen die „Kinder einer bestimmten Frau" gewesen und haben zum anderen unter dem Schutz aller Männer der Sippe gestanden, die die Kinder sozusagen als die „kollektiven Nachkommen der Sippe" angesehen worden sein werden. Auch dieser Aspekt ist noch aus historischer Zeit von Stämmen mit einer solchen sozialen Organisationsform bekannt.

Dieser Schutz aller Kinder der Sippe durch alle Männer der Sippe wird durchaus effektiv gewesen sein – alle fühlen sich für alle verantwortlich. Dass alle Frauen der Sippe zusammen mit allen Männern der Sippe bei dem Zeugungsfest ein „Paar für eine Nacht" bilden konnten, wird ebenfalls einen sehr großen Zusammenhalt innerhalb der Sippe erschaffen haben.

In der damaligen Zeit ist die Muttergöttin das wichtigste religiöse Bild gewesen. Wie die Malereien und Gravuren aus der späten Altsteinzeit (50.000-10.000 v.Chr.) zeigen, wurde sie als zweifache Göttin aufgefasst, die eng mit der Kuh assoziiert worden ist und ein Füllhorn in ihrer Hand hält. Sie war fruchtbar wie eine Kuh und gab reichlich Milch wie eine Kuh.

Die Ankunft der Seele im Jenseits stellte man sich wie die Ankunft im Diesseits vor: Die Toten wurden von der Jenseits-Mutter im Jenseits wiedergeboren und dann wiedergestillt – dem ging bei den Männern noch eine Wiederzeugung voraus. Die zwei Seiten der Muttergöttin sind die „Diesseits-Mutter" und die „Jenseits-Mutter". Sie wurde oft mit einem erhobenen linken Arm (Diesseits auf der Erde) und einem nach unten weisenden rechten Arm (Jenseits unter der Erde) dargestellt. Das zentrale Bild der Mutter ist also auch mit dem Jenseits, der Wiedergeburt und allgemein mit der Seele assoziiert worden.

Die Altsteinzeit entspricht der oralen Phase des Säuglings: als Teil des Ganzen leben.

Jungsteinzeit

In der Jungsteinzeit wurden durch den Ackerbau und die Viehzucht größere Gemeinschaften möglich, die unter anderem auch in der Lage waren, steinerne Tempel wie in Göbekli Tepe am oberen Euphrat zu errichten. Diese Gemeinschaften waren nun weitgehend sesshaft – im Gegensatz zu den vorwiegend nomadisch lebenden Jägern der Altsteinzeit.

Die Mütter werden weiterhin das Zentrum der Sippe gebildet haben. Als neues Element kam damals jedoch der Besitz an Äckern und Viehherden und Häusern hinzu. Wahrscheinlich werden sie zunächst einmal den Müttern gehört haben, da die Vererbung des Besitzes von der Mutter zur Tochter selbst noch im frühen Königtum ab 3250 v.Chr. üblich gewesen ist.

Durch die festen Häuser gab es einen besseren Schutz vor der Kälte im Winter, sodass das Zeugungsfest zu Mittsommer nun keine Überlebensnotwendigkeit für die Neugeborenen mehr war – zudem hatte auch die Eiszeit geendet. Dieses Zeugungsfest ist allerdings als Fest bis in das Königtum hinein bestehen geblieben – z.B. als „Hieros gamos", d.h. die Vereinigung des Königs mit der Hohepriesterin in Sumer. Heute in Europa findet man im Karneval noch heute Überreste dieses Festes – die Kreißsäle der Krankenhäuser sind neun Monate nach Karneval, also im November, ziemlich überfüllt …

Diese Unabhängigkeit der Zeugung von der Jahreszeit ermöglichte eine neue Rolle der Sexualität im Leben der Menschen in Eurasien (in Afrika hat es keine Eiszeit und daher auch kein solches Zeugungsfest gegeben). Vermutlich haben sich zu dieser Zeit auch persönlichere Beziehungen zwischen Männern und Frauen, also Beziehungen im heutigen Sinne gebildet.

Die Wohnhütten sind in den ersten beiden Jahrtausenden der Jungsteinzeit weiterhin eher klein gewesen, aber dann nach und nach etwas größer geworden. Spätestens ab 7000 v.Chr. hat es dann auch Dörfer gegeben, die aus 50 und mehr kleinen Häusern bestanden haben, die alle aneinander gebaut gewesen sind und in deren Inneres man vor allem durch Luken in den Dächern gelangte.

Diese Dörfer werden zu neuen sozialen Strukturen geführt haben. Wahrscheinlich wird es einen allmählichen Übergang von der Orientierung an den Müttern zu einer Orientierung an dem „Leiter der Arbeiten" gegeben haben, an den allmählich auch die Verfügungsgewalt über die Äcker, das Vieh und die Häuser übertragen worden sein wird. Dieser „Leiter der Arbeiten" ist der Vorgänger der späteren Fürsten im Königtum.

Möglicherweise ist die stärkere Bildung von Paaren durch diese wachsenden Macht zumindest einiger Männer in der Sippe entstanden, die sich sozusagen den Sex mit bestimmten Frauen sichern wollten – und auch die Gewissheit, dass bestimmte Kinder von ihnen und nicht von anderen Männern gezeugt worden sind.

Das Inzest-Verbot stammt vermutlich aus der mittleren bis späteren Jungsteinzeit, als die Gemeinschaften immer größer wurden und sich zunehmend einzelne Familien gebildet haben. Das Inzest-Verbot kann zwei Ursachen gehabt haben: zum einen den Schutz der sexuellen Beziehung zwischen Vater und Mutter, der sonst durch die Töchter und Söhne gefährdet werden könnte (die Ursache wäre dann der Egoismus der Eltern); und zum anderen die Vermeidung der Isolation einzelner Familien innerhalb der Dorfverbandes durch die angestrebte Verbindung der einzelnen Familien miteinander (also der Schutz des Dorffriedens).

In gewissem Sinne ist das Inzest-Verbot auch der Nachfolger des Zeugungsfestes bei dem Sippen-Treffen zu Mittsommer, durch das sichergestellt wurde, dass sich die Gene einer größeren Population vermischt haben – es ist allerdings sehr unwahrscheinlich, dass dies der Grund für das Zeugungsfest und das Inzest-Verbot gewesen ist, denn woher sollten die damaligen Menschen etwas über den Vorteil der möglichst großen Vermischung der Gene gewusst haben?

Aus dem Zeugungsfest und den Wiedergeburts-Vorstellungen sind mehrere religiöse Motive entstanden.

Die Symbolik des Zeugungsfestes wurde auf den Ackerbau und die Viehzucht übertragen, wodurch das Ritual der „heiligen Hochzeit" entstanden ist, durch das magisch durch die sexuelle Vereinigung von König und Hohepriesterin auch die erfolgreiche Zeugung des Viehs und das Gedeihen des Getreides abgesichert werden sollte. Dieses Ritual ist bis in das frühe Königtum hinein erhalten geblieben.

Bereits in der frühen Jungsteinzeit ist die Kundalini-Schlange mehrfach dargestellt worden – an dem Hinterkopf einer Männerstatue, an Totempfählen, an Tempelsäulen u.ä. Da das Erwecken der Kundalini eng mit dem Erlernen der Astralreise verwandt ist (ca. 3/4 der Übungen sind dieselben), ist das Erwachen der Kundalini mit der Seele (Astralkörper), den Nahtod-Erlebnissen und der Wiedergeburts-symbolik assoziiert worden.

Dadurch ist die rituelle Verwendung der sexuellen Vereinigung für magische und religiöse Zwecke entstanden. Am bekanntesten davon ist heute vermutlich das Tantra-Yoga, aber am weitesten verbreitet ist die sexuelle Vereinigung in den damaligen Tempeln als Teil des Kultes gewesen, die in der heutigen Literatur irreführenderweise meistens „Tempelprostitution" genannt wird. Dabei lebten junge Frauen für eine Weile in einem Tempel und vereinten sich mit den Männern, die dort an dem Kult teilnahmen. Diese Form der Religionsausübung hat sich in manchen Tempeln wie z.B. in Alexandria im Nildelta bis ins Römische Reich hinein gehalten.

Diese sexuelle Vereinigung mit religiös-magischen Zielen zeigt, wie eng die Sexualität mit dem Gedeihen der Gemeinschaft, mit der Muttergöttin, mit der Vermehrung der Viehherden, mit dem Wachstum des Getreides und generell mit dem Wohlergehen verbunden gewesen ist. Die Sexualität ist in der Altsteinzeit und zumindest auch in dem größten Teil der Jungsteinzeit deutlich weniger als heute eine persönliche Angelegenheit gewesen, sondern war etwas, das die Gemeinschaft als Ganzes betraf und sie gedeihen lassen sollte.

Diese Stellung der Sexualität und die zentrale Bedeutung der Mutter zeigen, dass Beziehungen lange Zeit etwas deutlich anderes gewesen sind als das, was man heute darunter versteht.

Die Landwirtschaft brachte es mit sich, dass die damaligen Menschen in Zyklen zu denken begannen (Jahreszeiten). Es ist möglich, dass dies auch Auswirkungen auf die Vorstellungen über die Beziehungen gehabt hat, aber darüber ist nichts Konkretes bekannt – wenn man einmal von dem Ritual der „Heiligen Hochzeit" („Hieros gamos") absieht, das das Gedeihen von Vieh und Feldern fördern sollte.

<u>Königtum</u>

Das Königtum brachte die bis dahin größten Änderungen in den Beziehungen mit sich. Zunächst einmal blieb die Orientierung an der Mutter noch erhalten, aber die zentrale Organisation des Reiches durch einen König ließ ein neues prägendes Vorbild entstehen: die Einmaligkeit des Königs und seinen umfassendes Einfluss.

Durch die Zentralverwaltung war die Koordination von sehr viel größeren Gebieten und sehr viel mehr Menschen möglich geworden, die zu einer effektiveren Landwirtschaft durch großräumige Bewässerungsanlagen und somit zur Vermeidung von Hungersnöten geführt hat. Zur Bewältigung der Verwaltungsaufgaben war die Erfindung eines effektiveren Zahlensystems und der Schrift notwendig geworden, ohne die keine verlässliche Buchhaltung über die Zahl der Menschen, die Getreidevorräte, die Anzahl der Rinder u.ä. möglich war.

Aus der Beschreibung der Welt durch Zyklen wurde jetzt eine Beschreibung durch einmalige Ereignisse – so wurde z.B aus den jährlichen Überschwemmungen die Sintflut.

Dieses Prinzip der „umfassenden Einmaligkeit" führte zunächst wie z.B. im Alten Ägypten zu einer Einehe, in der Frauen und Männer eigenständig waren und in der sich beide von dem jeweils anderen trennen konnten.

Durch die Macht des Königs stieg jedoch auch die Macht seines Verwaltungsapparates und damit allgemein die Macht der Männer, sodass die Männer schließlich den Besitz von den Frauen übernahmen und alleine über ihn verfügten – die Gesellschaft wurde patrilinear (Vererbung vom Vater zum Sohn) und patriarchal (Herrschaft der Männer). Damit endete zunächst einmal die Gleichberechtigung. In diesem Zusammenhang ist auch der Harem entstanden, also eine Gruppe von Frauen als „Besitz" des Herrschers.

Die Einmaligkeit des Königs führte auch dazu, dass es einen obersten Gott und dann schließlich nur noch einen einzigen Gott gab – der Monotheismus ist in Analogie zum Königtum entstanden. Entsprechend wurde auch eine Weltanschauung angestrebt, die alles Existierende aus einer einzigen Ursache heraus erklärte – diese Erste Ursache in der Philosophie ist eine Analogie zu dem allmächtigen König und zu dem allmächtigen Gott. Dieses Prinzip der „ewigen Einmaligkeit" führte in den Beziehungen schließlich zu der lebenslangen Einehe.

Materialismus

Als um ca. 1500 n.Chr. durch Forschungen, Erfindungen, Industrialisierungen und die allmähliche Löslösung des Weltbildes von der Religion das Zeitalter des Materialismus entstand, wurde zunächst einmal das Prinzip der Einehe beibehalten, das sich jedoch nach und nach auflöste, sodass Scheidungen und weitere Heiraten möglich wurden.

Durch die Entstehung der Psychologie ab ca. 1880 wurde eine ganz neue Betrachtung von Beziehungen möglich, die sich nicht an den allgemeinen Strukturen der Gesellschaft orientiert, sondern von der individuellen Situation ausgeht. Dies ermöglichte im Verlauf der nächsten 100 Jahre einen zunehmend bewussteren Umgang mit Beziehungen, der schließlich in der Hippie-Zeit dazu geführt hat, dass die bisherigen Beziehungsstrukturen generell in Frage gestellt wurden.

In ungefähr derselben Zeit entstand der Feminismus, der für die Gleichberechtigung der Frauen gekämpft hat und weitgehend parallel zur Entwicklung der Psychologie verlaufen ist.

Als dritte Bewegung ist eine Wiederbelebung von alten Religionen und alten Formen des Kultes zu beobachten gewesen, die schließlich zu neuen Formen der Spiritualität geführt hat.

Eine vierte Entwicklung in demselben Zeitraum war das Entstehen des ökologischen Bewusstseins.

Schließlich ergänzte noch die Friedensbewegung diesen Wandel hin zu einem neuen Weltbild.

Globalisierung

Die fünf Ansätze aus den letzten 80 Jahren des Materialismus (1880-1960) – also Wissenschaft/Industrie, Psychologie, Feminismus, Spiritualität, Ökologie – führten ab ca. 1960 zu einer generellen Umwandlung des Weltbildes zu einem globalen Bewusstsein, in dem zunehmend die beiden Prinzipien der Verantwortung für das Ganze und das Vertrauen in das Ganze das gestaltende Element wurden. Man begann die Menschheit als eine große Familie aufzufassen.

Ab der Hippie-Zeit ist die Beziehungsform der lebenslangen Einehe zunehmend infrage gestellt worden, auch wenn sie nach wie vor die vorherrschende Form ist. Diese erste Phase der Auflösung ist von vielen Experimenten, vom Ausleben der eigenen Bedürfnisse, von Fehlschlägen, Ratlosigkeit und neuen Ideen geprägt gewesen.

Mittlerweile hat sich jedoch aus den konkreten Erfahrungen und aus der Suche nach funktionierenden Modellen ein Bodensatz an Erfahrungen und Weisheit und an neuen Beziehungsmodellen gebildet. Die drei wichtigsten Konzepte sind vermutlich die „Lebensabschnittspartnerschaft" (kein besonders romantischer Begriff …), die „Patchworkfamilie" und die „offene Beziehung". Allen drei Konzepten ist gemeinsam, dass nichts ewig währt und dass alles im Fluss ist und dass daher eine Vielfalt von Beziehungen zu einem Netzwerk kombiniert werden muss, um ein neues funktionierendes Modell zu finden.

In diesem neuen Modell ist offensichtlich sehr viel mehr Eigenständigkeit, Kreativität und Koordination erforderlich als in der lebenslangen Einehe – aber es bietet auch die Möglichkeit zu einer deutlich aufrichtigeren Lebensweise, in der alle Bedürfnisse integriert und erfüllt werden.

Eine ausführliche Darstellungen dieser Entwicklungen und Möglichkeiten findet sich in: Harry Eilenstein: „Liebe und Eigenständigkeit".

11. Freiheit

Man hat die Freiheit, das zu tun, was man will – und die eigenen Beziehungen so zu leben, wie man will. Doch was ist die Beziehungs-Utopie? Was ist die Form von Beziehungen, die man erreichen will? Letztlich muss das jeder für sich selber herausfinden, aber es lassen sich doch zumindest ein paar Dinge dazu sagen, wie Beziehungen – unabhängig von der Form, die man wählt – gedeihen können.

Die Liebe zu anderen Menschen braucht als Grundlage die Selbstliebe und sie kann sich nur dann entfalten, wenn man seinen eigenen „Weg des Herzens" geht.

Es ist förderlich, stets aufrichtig zu sein und nicht primär nach Beständigkeit zu streben, sondern nach Lebendigkeit.

Die Beständigkeit liegt in dem Schöpfer, nicht in der Schöpfung. Man sollte daher sich selber treu sein und stets das Wahre, Intensive und Richtige in sich selber suchen und nicht die Beständigkeit im Außen.

Man sollte seine Liebe einfach leuchten lassen und hemmungslos im eigenen Selbstausdruck sein. Dazu gehört ein gewisses Maß an Risikobereitschaft – man ist vollkommen aufrichtig. Dabei hilft es, zu erkennen, dass kein Mensch für das eigene Leben existentiell wichtig ist.

Damit die Selbstliebe einigermaßen ungestört heranwachsen kann, ist die Liebe der Eltern zu ihren Kindern ausgesprochen förderlich – der Mangel an der Liebe durch die Eltern macht die Selbstliebe und die eigenständige Liebe zu anderen Menschen zwar nicht unmöglich, aber er erschwert die Entwicklung dieser Lebenshaltung doch beträchtlich.

Schau, was wirklich zu Dir passt: Ergründe die Wurzeln Deiner eigenen Wünsche. Erkennen Deine ursprünglichen Wünsche, damit Dir das erreichte Ziel auch wirklich Glück, Freude und Lust bereitet.

Es ist notwendig, die Selbstliebe von der Liebe zu anderen zu unterscheiden. Die Selbstliebe ist die Wärme der Identität, die alle Teile der Psyche zusammenhält. Die Liebe zu einem anderen ist ein Wunsch und daher Teil des eigenen Selbstausdrucks.

Liebe ist die Orientierung beim Lebens-Tanz. Liebe ist eine Blüte am Baum des Egoismus. Wähle einen Menschen, aber lasse ihn auch wieder los, wenn es an der Zeit ist.

Bei der Suche nach dem eigenen „heilen Bild der Liebe" und nach der „richtigen Beziehung" kann man sich an dem Prinzip „eine wirkliche Lösung lässt Freude und Zuversicht entstehen" orientieren.

Tue, was Du willst. Sprich alles aus und tue es. Tue es ohne jede Scham. Sei Dein eigener roter Faden. Sei einsgerichtet. Handle einsgerichtet. Liebe – und tue.

Das Leben ist begrenzt – konzentriere Dich daher auf das Wesentliche, auf das, was Du am meisten genießen kannst. Um so leben zu können, muss Du „Ja" und „Nein" sagen können.

Sei bereit für Streit. Nur das hemmungslose Wünschen gibt dem eigenen Selbstausdruck und somit auch der eigenen Liebe Kraft. Das ist die Krieger-Haltung.

Es ist förderlich, immer mit aller Kraft das Erreichen dessen anzustreben, was man will, aber stets unabhängig vom Erreichen dieses Zieles zu bleiben – auch wenn das Erreichen oder Nicht-Erreichen über den Verlauf des weiteren Lebens entscheidet.

Genieße das Leben. Strebe immer den größten Genuss an. Tanze.

Koordination mit den anderen macht das eigene Streben und Handeln effektiver. Dabei sollte man jedoch stets den eigenen Wünschen treu bleiben – dann trifft man die Menschen, die dasselbe wollen, sodass man gemeinsam die übereinstimmenden Ziele erreichen kann. Die Menschen mit anderen Zielen treten in den Hintergrund oder gehen aus dem eigenen Leben fort.

Sei in der Gemeinschaft. Liebe verbindet den Einzelnen mit der Gemeinschaft. Die Geborgenheit bei der Mutter ist das Fundament – und die Wärme und Geborgenheit in der Muttergöttin. Sie ist die Beständigkeit im Innen.

Du bist der Schöpfer Deines Lebens. Die Liebe ist ein Teil Deiner Schöpfung. Und das Leben zeigt Dir Deine Irrtümer.

Man kann die heile Haltung durch die folgenden vier Sätze beschreiben:

„Ich freue mich auf das, was kommt."
„Ich bin auf einer Reise durch mein Leben."
„Ich wachse, also bin ich."
„Schau, wo Du hin willst, und frag dann, wer mitkommt."

12. Welt

♓

Neben der Beziehung zu einem oder mehreren Menschen – Partner, Kinder, Eltern – gibt es auch noch die Beziehung zur Welt. Die eigenen Beziehungen zu den Menschen sind ein Teil dieser umfassenderen Beziehung zu der Welt, in er man lebt – beides wird auf dieselbe Weise geprägt sein. Das eigene Verhältnis zu anderen Menschen unterscheidet sich in der Regel nicht sehr von dem eigenen Verhältnis zu der eigenen Arbeit oder dem eigenen Verhältnis zur Natur, denn in allen diesen Beziehungen spiegelt sich das eigene Innere wider – oder genauer gesagt der Zustand des eigenen Inneren.

Die Welt, in der man lebt, ist zunächst einmal die Kultur, in der man aufgewachsen ist und die – neben dem Vorbild der eigenen Eltern – auch die eigenen Vorstellungen über Beziehungen prägt. Dann ist da auch noch die Epoche, in der man lebt – Altsteinzeit, Jungsteinzeit, Königtum, Materialismus, Globalisierung … Schließlich gibt es auch noch die Urbilder, derer man sich mehr oder weniger bewusst sein kann, aber die unabhängig von der Bewusstheit über sie wirksam sind, da sie unbewusst auf jeden Fall da sind.

Welche kollektiven Bilder gibt es in der eigenen Familie, in der Familientradition, aus der man stammt? Welche kollektiven Bilder gibt es in dem Dorf oder in der Stadt, in der man aufgewachsen ist? Welche kollektiven Bilder gibt es in der eigenen Kultur und welche in der Menschheit als Ganzes? All diese Bilder prägen das eigene Verhalten, da man auch die Bilder des kollektiven Unterbewusstseins in sich trägt.

Wenn das christlich-mittelalterliche Bild der „Herrschaft des Mannes über die Frau" in der eigenen Familie noch lebendig ist, wird man es nicht leicht haben, mit einer emanzipierten Frau auszukommen. Genauso schwierig ist es, wenn man aus einem Dorf stammt, in dem man durch ein Fremdgehen jegliches Ansehen verliert, nach einem Seitensprung noch sein Selbstwertgefühl aufrecht zu erhalten.

In unserer Kultur sind die lebendigsten Urbilder diejenigen, die die Suche eines Mannes nach einer Frau beschreiben. Diese Bilder stammen noch aus den alten Vorstellungen der Jenseitsreise nach dem Tod, bei der der verstorbene Mann die Jenseitsgöttin finden und sich mit ihr vereinen muss, um dann von ihr wiedergeboren zu werden.

Wenn man die „Beziehung finden"-Urbilder mit den „Beziehung leben"-Urbildern

47

vergleicht, zeigt sich schnell, dass die „Beziehung finden"-Urbilder zum einen viel häufiger in Literatur, Film, Erzählungen und Träumen zu finden sind als die „Beziehung leben"-Urbilder. Die meisten Romane enden damit, dass der Held seine Frau gefunden hat – was dann anschließend geschieht, hat eine völlig andere Dynamik und wird meistens nicht mehr beschrieben, da man dabei von „Jugendlicher" zu „Vater" wechselt. Und das ist eine ganz andere Geschichte …

Hier könnten neue Urbilder erschaffen werden – das wäre sehr hilfreich. Doch dafür ist zuerst einmal das Finden von erstrebenswerten Bildern und Lebensweisen notwendig und dann auch noch das Vorbild von ausreichend vielen Menschen, die auf diese Weise ausreichend glücklich leben. Ohne diese Neuentwicklung und diese Vorbilder kann kein neues Urbild entstehen.

In Bezug auf dieses Beziehungs-Urbild stehen wir in der heutigen Zeit an einem Übergang: Das alte Bild der lebenslange Einehe funktioniert nicht mehr besonders gut – das haben u.a. der Feminismus, die Hippie-Kultur und die Familienaufstellungen deutlich gezeigt. Und das neue Bild ist noch nicht entstanden, sodass sich ein großer Teil der Menschen auf der Suche nach diesem neuen Beziehungs-Urbild befindet.

Dieses Urbild kann niemand alleine erschaffen. Man kann sich darüber bewusst werden, dass man in einer Umbruchszeit lebt, dass es um ein Erwachsenwerden in den Beziehungen geht, um das Finden einer neuen, kooperativen Form – und man kann danach streben, Beziehungen zu verstehen, man kann den Mut finden, Neues zu versuchen, aufrichtig zu sein, anderen zu erzählen, was man dabei erlebt hat, und anderen zuhören, was sie versucht und dabei erlebt haben. Auf diese Weise entsteht nach und nach ein Bodensatz an Erfahrungen und Erkenntnissen, aus denen dann mit der Zeit neue Beziehungs-Urbilder entstehen können.

Solch eine Suche ist nicht einfach – aber sie ist lohnend, da man durch sie ein Stückchen weiter kommt als bisher und weil man dadurch wahrscheinlich auch etwas erfülltere Beziehungen leben kann.

Bücher von Harry Eilenstein

Magie für Anfänger
- Telepathie für Anfänger (60 S.)
- Telepathie für Fortgeschrittene (52 S.)
- Telekinese für Anfänger (52 S.)
- Analogien für Anfänger (56 S.)
- Omen und Orakel für Anfänger (52 S.)
- Lebenskraft für Anfänger (60 S.)
- Meditation für Anfänger (56 S.)
- Kundalini für Anfänger (100 S.)
- Hypnose für Anfänger (56 S.)
- Kampfmagie für Anfänger (172 S.)
- Auto-Movement für Anfänger (56 S.)
- Chakra-Magie für Anfänger (148 S.)
- Astralreisen für Anfänger (56 S.)
- Astrologie für Anfänger (120 S.)
- Astrologische Quadrate für Fortgeschrittene (72 S.)
- Partnerhoroskope für Anfänger (100 S.)
- Silberschnüre für Anfänger (52 S.)
- Zaubersprüche für Anfänger (60 S.)
- Ritual-Magie für Anfänger (56 S.)
- Mandalas für Anfänger (68 S.)
- Geldzauber für Anfänger (56 S.)
- Liebeszauber für Anfänger (52 S.)
- Invokationen für Anfänger (52 S.)
- Evokationen für Anfänger (60 S.)
- Geister für Anfänger (52 S.)
- Elfen für Anfänger (56 S.)
- Magie-Forschung für Anfänger (140 S.)
- Magie-Romantik für Anfänger (60 S.)
- Selbsterkenntnis für Anfänger (52 S.)
- Einweihungen für Anfänger (60 S.)
- Drogen-Kabbala für Anfänger (216 S.)
- Zahlensymbolik für Anfänger (60 S.)
- Die Sprache des Mondes – für Anfänger (116 S.)
- Zaubergesänge für Anfänger (100 S.)
- Zukunftschau für Anfänger (60 S.)
- Schamanismus für Anfänger (52 S.)
- Schwitzhütten für Anfänger (52 S.)
- Magische Gegenstände für Anfänger (68 S.)
- Übertragungen für Anfänger (68 S.)
- Zaubertränke für Anfänger (64 S.)
- Magie-Gesten für Anfänger (252 S.)
- Da'ath-Magie für Anfänger (64 S.)
- Magie-Heilungen für Anfänger (68 S.)
- Kornkreise für Anfänger (348 S.)
- Feng Shui für Anfänger (96 S.)
- Tao für Anfänger (112 S.)
- Magie für Anfänger – Sammelband   I (696 S.)
- Magie für Anfänger – Sammelband   II (664 S.)
- Magie für Anfänger – Sammelband III (580 S.)
- Magie für Anfänger – Sammelband IV (700 S.)
- Magie für Anfänger – Sammelband   V (676 S.)
- Magie für Anfänger – Sammelband VI (640 S.)

Magie
- Handbuch für Zauberlehrlinge (408 S.)
- Wie man das Pentagramm-Ritual zum Leben erweckt (308 S.)
- Tarot (104 S.)
- Physik und Magie (184 S.)
- Die Synthese von Physik und Magie (200S.)
- Die Magie-Formel (156 S.)
- Schwarze Löcher in der Magie (56 S.)
- Krafttiere – Tiergöttinnen – Tiertänze (112 S.)
- Schwitzhütten (524 S.)
- Mythen und Magie der Harfe (116 S.)
- Drei Adeptus Major Rituale (192 S.)
- Drei Adeptus Exemptus Rituale (120 S.)
- Zwei Infans Abyssi Rituale (128 S.)

Traumreisen
- Traumreisen zu Heilpflanzen (700 S.)
- Traumreisen zum kabbalistischen Lebensbaum (132 S.)

Meditation
- Der Lebenskraftkörper (230 S.)
- Die Chakren (100 S.)
- Das Chakren-System mit den Nebenchakren (296 S.)
- Organe und Chakren (64 S.)
- Die platonischen Körper in den Chakren (156 S.)
- Meditation (140 S.)
- Drachenfeuer (124 S.)
- Kundalini I (676 S.)
- Kundalini II (672 S.)
- Reinkarnation (156 S.)
- einsgerichtet (140 S.)

Astrologie
- Astrologie (496 S.)
- Photo-Astrologie (428 S.)
- Die astrologischen Aspekte (88 S.)
- Horoskop und Seele (120 S.)

Kabbala
- Kursus der praktischen Kabbala (150 S.)
- Eltern der Erde (450 S.)
- Blüten des Lebensbaumes:
    1. Die Struktur des kabbalistischen Lebensbaumes (370 S.)
    2. Der kabbalistische Lebensbaum als Forschungshilfsmittel (580 S.)
    3. Der kabbalistische Lebensbaum als spirituelle Landkarte (520 S.)
- Logik und Wirkung der Analogie (700 S.)

Eilenstein, Frater V.D., Knecht, Büdenbender
- Magie heute – Berichte aus der Praxis (288 S.)

Büdenbender, Eilenstein
- Chaos, Alk und Magic (436 S.)

<u>**Religion allgemein**</u>
- Die sieben Schritte des Lebens (428 S.)
- Muttergöttin und Schamanen (168 S.)
- Totempfähle (440 S.)
- Der Urriese (168 S.)

<u>**Jungsteinzeit**</u>
- Göbekli Tepe (472 S.)
- Die Göttin von Göbekli Tepe (144 S.)
- Die Rituale von Göbekli Tepe (112 S.)

<u>**Ägypten**</u>
- Hathor und Re 1: Götter und Mythen im
  im Alten Ägypten (432 S.)
- Hathor und Re 2: Die altägyptische Religion
  – Ursprünge, Kult und Magie (396 S.)
- Isis (508 S.)
- Ma'at (200 S.)

<u>**Indogermanen**</u>
- Die Entwicklung der indogermanischen
  Religionen (700 S.)
- Wurzeln und Zweige der indogermanischen
  Religion (224 S.)

<u>**Christentum**</u>
- Christus (60 S.)
- Die Biographie des Teufels (144 S.)
- Die Magie der Propheten Elias und Elisa (96 S.)

<u>**Psychologie**</u>
- Über die Freude (100 S.)
- Das Geheimnis des inneren Friedens (252 S.)
- Das BezIehungsmandala (52 S.)
- Gefühle und ihre Verwandlungen (404 S.)
- einsgerichtet (140 S.)
- Liebe und Eigenständigkeit (216 S.)
- Von innerer Fülle zu äußerem Gedeihen (52 S.)
- Kreative Hochzeits-Rituale (56 S.)

<u>**Heilung**</u>
- Die Symbolik der Krankheiten (76 S.)

<u>**Kunst**</u>
- Herz des Tanzes – Tanz des Herzens (160 S.)
- Die Wurzeln der Kunst (60 S.)
- Wege zur Musik-Improvisation (32 S.)

<u>**Drama**</u>
- König Athelstan (104 S.)

<u>**Roman**</u>
- Maran der Schamane (548 S.)
- Maran der Zauberlehrling (676 S.)
- Maran der Harfner (700 S.)
- Maran der Krieger (700 S.)
- Maran der Magier (900 S.)
- Maran der Weise (900 S.)

<u>**Entwürfe für die Zukunft**</u>
1. Die 12 Stile des Tierkreises (164 S.)
2. Die 12 Gedanken zur Energie (108 S.)
3. Die 12 Phänomene der Schwingungen (60 S.)
4. Die 12 Qualitäten des Wassers (92 S.)
5. Die 12 Fundamente des Wohnens (96 S.)
6. Die 12 Grundprinzipien einer umfassenden
   Gesundheit (32 S.)
7. Die 12 Zonen des menschlichen Körpers (80 S.)
8. Die 12 Zutaten der Ernährung (60 S.)
9. Die 12 Flüge der Bienen (148 S.)
10. Die 12 Sichtweisen auf Genußmittel und Drogen (96 S.)
11. Die 12 Möglichkeiten der ganzheitlichen Medizin (92 S.)
12. Die 12 Ansichten über das Impfen (36 S.)
13. Die 12 Leitlinien der Erziehung (44 S.)
14. Die 12 Richtungen des Denkens (84 S.)
15. Die 12 Arten des Lernens (56 S.)
16. Die 12 Seiten einer umfassenden Bildung (36 S.)
17. Die 12 Ansätze zu effektivem Handeln (76 S.)
18. Die 12 Konzepte der Arbeit (48 S.)
19. Die 12 Arten der neuen Technologien (36 S.)
20. Die 12 Betrachtungsweisen der künstlichen
    Intelligenz (48 S.)
21. Die 12 Eigenheiten des Geldes (40 S.)
22. Die 12 Funktionen der Steuern (56 S.)
23. Die 12 Betrachtungsweisen der Sozialberufe (60 S.)
24. Die 12 Strategien der Macht (64 S.)
25. Die 12 Anforderungen an ein neues Wertesystem (48 S.)
26. Die 12 Bausteine einer neuen Gesellschaftsform (52 S.)
27. Die 12 Tore zur Sophikratie (80 S.)
28. Die 12 Pfade zum Frieden (48 S.)
29. Die 12 Säulen des Naturrechts (56 S.)
30. Die 12 Grundlagen der Beziehungen (52 S.)
31. Die 12 Spielfelder des Fußballs (108 S.)
32. Die 12 Wege der Kunst (60 S.)
33. Die 12 Wurzeln eines erfüllten Lebens (44 S.)
34. Die 12 Bereiche des Bewußtseins (56 S.)
35. Die 12 Tempel der Religionen (84 S.)
36. Die 12 Aspekte eines einheitlichen
    spirituell-physikalischen Weltbildes (72 S.)
37. Die 12 Dynamiken der Verwandlung (44 S.)
- Sammelband 1 „Natur" (492 S.)
- Sammelband 2 „Gesundheit" (512 S.)
- Sammelband 3 „Bildung" (524 S.)
- Sammelband 4 „Gesellschaft" (416 S.)
- Sammelband 5 „Psyche" (380 S.)

<u>die „Anfänger“-Reihe</u>
- The Synthesis of Physics and Magic (192 p.)
- Telepathy for Beginners (60 p.)
- Telepathy for Advanced Learners (52 p.)
- Telekinesis for Beginners (56 p.)
- Life Force for Beginners (76 p.)
- Kundalini for Beginners (104 p.)
- Astral Projection for Beginners (60 p.)
- Meditation for Beginners (60 p.)
- Prophecy for Beginners (60 p.)
- Ritual Magic for Beginners (64 p.)
- Magic Chant for Beginners (108 p.)
- Invocations for Beginners (52 p.)
- Evocations for Beginners (62 p.)
- Auto-Movement for Beginners (60 p.)
- Elves for Beginners (56 p.)
- Hypnosis for Beginners (56 p.)
- Love Magic for Beginners (52 p.)
- Money Magic for Beginners (60 p.)
- Magic Objects for Beginners (64 p.)
- Shamanism for Beginners (52 p.)
- Chakra-Magic for Beginners (148 p.)
- Language of the Moon – for Beginners (128 p.)
- Self Knowledge for Beginners (60 p.)
- Da'ath-Magic for Beginners (64 p.)
- Astrology for Beginners (112 p.)
- Number Symbolism for Beginners (64 p.)
- Mandalas for Beginners (76 p.)
- Crop Circles for Beginners (344 p.)
- Feng Shui for Beginners (96 p.)
- Magic Research for Beginners (140 p.)
- Magic for Beginners – Anthology I (636 p.)
- Magic for Beginners – Anthology II (616 p.)
- Magic for Beginners – Anthology III (684 p.)
- Magic for Beginners – Anthology IV (580 p.)

<u>Eilenstein, Frater V.D., Knecht, Büdenbender</u>
- Living Magic (261 S.) (= „Magie heute“)

<u>sonstige englische Ausgaben</u>
- The Biography of the Devil (140 S.)
- The Synthesis of Physics and Magic (192 S.)
- The Chakra-System with the Minor Chakras (304 S.)